걷기만 하면 돼

걷기만 하면 돼

새로운 사회를 위한 상상,
녹색기본소득에
관하여

강상구 지음

루아크
RUACH

기본소득과 기후행동의 결합,
'녹색기본소득'

방에 잠시 누웠습니다. 며칠 사이
이 책 저 책을 마구잡이로 봤습니다. 머릿속에 온갖 단어가 어
지럽게 엉켜 있었습니다.

'기본소득, 도로, 참여, 사회적으로 의미 있는 활동, 청년,
공원, 빈곤, 기후변화, 미세먼지, 전동휠체어, 탈핵, 자전거, 양
극화…'

참여소득이라는 개념을 처음 접한 때였습니다. 참여소득
은 기본소득의 한 종류입니다. 사회적으로 의미 있는 활동을
하는 것을 조건으로 지급하는 기본소득입니다.

'기본소득은 무조건 주는 건데, 참여소득은 조건을 달자

는 거잖아. 에이, 그럼 그건 기본소득이 아니지.'

한편으로는 이런 생각이 들면서도 또 한편으로는 '사회적으로 의미 있는 활동은 어떤 게 있을까? 동네 청소? 전 국민이 기본소득을 받기 위해 나와서 청소를 한다? 클린 코리아 되겠네' 같은 생각이 들었습니다.

그러다 문득 한 가지 생각이 떠올랐습니다. 벌떡 일어나 컴퓨터에 앉았고, 아이디어를 적어나갔습니다.

'걷기·자전거 타기·대중교통 이용하기를 조건으로 기본소득을 지급하자.'

이 아이디어가 곧 이 책 내용의 전체가 되었습니다. 이름은 이렇게 붙였습니다. 녹색기본소득!

크게 세 가지 측면에서 이야기하고 싶습니다. 우선 양극화 문제입니다. 기본소득이 점차 인기를 얻고 있는 이유는 양극화가 심각한데 앞으로도 나아질 기미가 별로 없어 보여서입니다. 30년 전에도 가난한 사람은 점점 가난해졌고, 부자는 점점 부자가 됐습니다. 30년이 지난 지금도 마찬가지입니다. "우와, 어떻게 하나도 안 변했냐?" 오랜만에 만난 동창에게 흔히 하는 이 말은 자본주의에도 딱 들어맞습니다. 자본주의가 SNS 계정을 만들었다면 아이디는 아마도 '끈질긴 양극화'였을 겁니다.

일자리가 늘어날 전망은 별로 안 보입니다. 있는 일자리는 죄다 비정규직입니다. 그런데 앞으로는 저성장 시대에다 4차 산업혁명 시대이니 일자리는 더 줄어들 것이라는 전망도 있습니다. 마크 저커버그부터 최근에 제가 만난 동네 청년까지 모두 다 '기본소득'에 주목하는 것은 세계 어디를 가도 양극화 해결의 뾰족한 묘수가 없기 때문입니다. 그런 점에서 이 책 역시 기본소득 지급을 옹호합니다. 양극화 해소를 위해 기본소득을 더 적극적으로 검토해볼 필요가 있다는 생각이 이 책의 출발점입니다.

우려가 없는 건 아닙니다. 기본소득을 지급하게 되면 사회에 꽤 많은 돈이 풀립니다. 돈은 자동차의 기름과 같아서 경제를 움직입니다. 돈이 풀리면 경제도 빨리 움직입니다. 소득 주도성장이 그런 것입니다. 그런데 제 걱정은 '경제가 성장하면 더 많은 석유, 더 많은 석탄을 소비할 텐데 그래도 되나' 하는 것입니다. 화석연료 중독경제는 기후변화를 더 악화시킬 것이기 때문입니다. 이미 더이상 꾸물거리면 안 되는 상황입니다. 게다가 기후변화는 결국 분배 그 자체마저 어렵게 만들 것입니다. 제가 둘째로 하고 싶은 이야기입니다.

기후변화가 얼마나 심각한지는 책 본문에 적었습니다. 기후변화 자체의 심각성만큼이나 문제는 '속도'입니다. 인류가 대처할 시간이 얼마 남지 않았다는 게 중론이지만, 한국 정부를 포함해 세계 각국의 대응은 매우 미흡합니다. 정부의 분명한 계획과 함께 시민의 적극적 행동이 필요합니다. 기후변화를 막기 위한 행동이 바로 '기후행동'입니다. 기후행동은 그 어느 때보다 절실합니다.

녹색기본소득은 바로 기본소득이라는 제도를 통해 기후행동을 촉진시킬 수 있겠다는 생각에서 나왔습니다. 앞서 기본소득이 기후변화를 자칫 악화시킬 수 있다고 했습니다. 그렇게 되면 기본소득의 정당성이 훼손됩니다. 그러나 제 구상대로라면 기본소득은 기후변화를 막는 가장 적극적인 방안이 될 수 있습니다. 오히려 더 큰 호응을 얻을 것입니다. 실제로 기본소득과 기후변화 대응은 서로 만나기 위해 노력해왔습니다. 기본소득 주창자 가운데는 온실가스를 많이 배출하는 기업 등에 탄소세라는 세금을 매기면 기본소득이 기후변화를 막는 데 도움이 될 것이라고 이야기하는 분도 있습니다. 기후변화에 대해 고민하는 분들은 기후변화 대응이 '정의로운 전환'의 방향을 가지고 있어야 한다고 말합니다. 온실가스를 감축하고 탈탄소사회로 나아가기 위해 국가제도에서부터 산업, 금융을 거쳐 일상생활에 이르기까지 모든 것을 바꿔야 하는데, 그 과정에서 또다른 불평등이 발생하면 안 된다는 이야기입니다. 예를 들어, 석탄화력발전소를 폐쇄하되 거기서 일하는 노동자들에게는 새로운 일자리를 보장해야 한다는 것이죠.

기본소득의 기후변화에 대한 고민, 기후변화 대응이 정의로워야 한다는 생각. 이 두 가지는 이제 녹색기본소득을 통해 비로소 만날 수 있습니다. 그런 점에서 녹색기본소득은 기본소득과 기후행동의 오작교라 보면 되겠습니다.

셋째로 드리고 싶은 말은 인간이라는 존재에 관한 것입니다. 사는 게 행복하려면 나 혼자 노력해서는 안 된다는 점은 분명합니다. 어떤 이들은 노력하는 행위조차 타고난 기질의 문제로서 우연의 산물일 뿐이므로, 노력에 걸맞은 대가를 주는 것조차 완전히 정당한 건 아니며, 결국 불평등을 조장한다고 말합니다. 틀린 말이 아닐 수 있습니다.

한편으로 계절의 감각을 느끼기는커녕 먹고사는 데 집중해도 시간이 모자라는 많은 사람이 있습니다. 이들은 하루 종일 공장이나 사무실에서, 혹은 아스팔트 위를 돌아다니며 일합니다. 반면 하루 종일 외출하지 못하고 집에 갇혀 있는 분들도 있습니다. 이들의 공통점은 자유로운 이동의 자유를 빼앗겼다는 점입니다. 긴 노동시간, 불안정한 일자리, 시간에 쫓길 수밖에 없는 빡빡한 업무는 사람들에게 걸을 자유를 빼앗았습니다. 한편에서 자유롭게 이동할 수 없는 도로 사정, 여기저

9

기 보이는 턱은 신체장애인들의 이동권을 제약합니다.

저는 우리의 걷기와 자전거 타기 같은 이동하기가 자유로움의 증거가 되기를 바랍니다. 리베카 솔닛의 말처럼 밖으로 나가 걸어다니면서 즐거움을 얻으려면 '자유로운 시간과 자유롭게 걸을 장소와 자유로운 육체' 이렇게 세 가지가 필요합니다.[1] 자전거를 타는 경우도 마찬가지입니다.

생각해보면, 인간의 역사는 '직립보행'으로부터 시작합니다. 직립보행은 인간을 다른 동물과 달리 인간이게 만든 역사적 출발점이었습니다. 그리고 인간의 역사는 보행하려는 자와 그렇지 못하게 하려는 자의 투쟁의 역사였습니다. 자본주의체제의 공장은 인간을 한 곳에 못 박혀 밤새 일하도록 만들었습니다. 주 8시간 노동제 투쟁은 이에 저항하여 '자유로운 시간' 확보를 위한 싸움이었습니다. 시간이 있어야 걷거나 자전거를 탈 수 있습니다.

도시는 부자와 빈자의 차이를 만들고, 노동시장의 공간적 범위를 넓혀 하루에 도저히 걸을 수 없는 거리로 직장과 집을 떨어뜨려놓았습니다. 자동차를 이용할 수밖에 없도록 만든 것입니다. 자연은 퇴출되거나 공원이라는 이름으로 명목만 남겨졌습니다. 도시는 자유롭게 걸을 장소가 되기에는 한참 미달합니다. 주말에 등산을 가고, 때때로 야외로 소풍을 떠나는 행위는 이에 대한 소극적 저항 같은 것입니다. '자유롭게 걸을 장소, 자유롭게 자전거를 탈 도로'가 우리에게는 부족합니다.

자유로운 육체는 몸 자체가 아니라 사회가 결정합니다. 여성은 땅에 닿는 치마와 몸을 꽉 죄는 코르셋이 아니라 바지를 입으면서 보다 자유롭게 걸을 수 있는 몸이 되었습니다. 1888년 타이어가 발명되면서 서구에서 자전거가 폭발적으로 증가했습니다. 자전거의 대유행이 여성의 복장에도 영향을 미쳐 반바지가 일상복이 되는 날을 앞당겼다는 주장도 있습니다.[2]

장애인은 자유롭게 다닐 수 있는 거리에서는 불편을 느끼지 않습니다. 장애인 단체가 몸에 쇠사슬을 묶고 투쟁한 결과 서울시내 지하철 곳곳에 엘리베이터가 설치되었습니다. 인도의 턱이 사라지고, 경사로가 곳곳에 놓인 도시에서 적어도 이동에 관한 한 신체장애인과 비장애인의 몸의 차이는 점차 사라지고 있습니다.

긴 노동시간, 자동차로 꽉 찬 도시, 걷거나 자전거 타기가 불편한 도로. 이런 것들로 인간은 걷지 않는 존재가 되었습니다. 이 때문에 건강을 잃고, 심성을 잃고, 맑은 공기를 잃고, 요즘은 하늘을 잃었습니다. 그러니 인간 존재의 본령을 되찾으려는 사람은 걸어야 하고, 싸우는 자 역시 걸어야 합니다. 이런 점에서는 녹색기본소득의 조건으로 걷기와 자전거 타기를 내걸었다기보다 걷고 자전거를 타기 위한 투쟁의 일환으로 녹색기본소득을 요구하는 것으로 이해하셔도 됩니다. 녹색기본소득은 정책에 대한 제안인 동시에 사회운동에 대한 제안입니다.

이름을 어떻게 붙일까 고민이 많았습니다. 맑은하늘기여소득, 녹색실천기본소득, 녹색참여기본소득, 친환경참여소득, 친환경이동소득 등 여러 가지가 떠올랐지만, 일단 이 책에서는 '녹색기본소득'이라고 하겠습니다. 다만, 녹색기본소득은 걷고 자전거를 타는 시민의 운동 속에서 비로소 존재 가치를 얻을 테니, 그들이 실천을 통해 형성하는 이름이 곧 제가 원하는 이름입니다.

무턱대고 시작한 사회운동이 벌써 30년 가까이 되어 가는 활동가로서, 최근 십여 년간 새로운 의제를 만들어내는 데 그다지 성공하지 못했던 진보정치에 몸담고 있는 한 사람으로서 이 제안이 진지하게 토론되기를 바랍니다. 녹색기본소득이 진보가 내딛는 또다른 한걸음이 되기를 희망합니다.

불굴의 낙관으로 병을 이겨내고 계신 아버지와 상상을 뛰어넘는 부지런함과 성실함으로 생활을 꾸려오신 어머께 이 책을 바칩니다.

차례

들어가는 말　5

|1장| 기본소득과 참여소득에 관하여

'기본소득'이란 말의 뜻　19

'기본적으로 필요한 것들'을 아예 돈으로!　21

국가가 주는 '월급'이 기본소득　26

일 하지 않아도 받는 기본소득　29

기본소득을 지급하면 이런 장점이!　34

기본소득을 지급하는 나라들　36

기본소득의 친척 '참여소득'　39

|2장| 녹색기본소득이란 무엇일까?

친환경 이동 시민에게 '녹색기본소득'을!　47

누구나 할 수 있는 '참여'　49

'인간 존재'라는 조건　53

포인트를 모으면, 기본소득　56

함께 계산해보기　60

만 7세부터 64세까지 지급하면 이떨까?　63

얼마가 좋을까　67

|3장| 사람을 바꾸는 힘

건강해지는 시민들   73

소득의 증대 그리고 '버틸 수 있는 힘'   77

기초 자산으로 자신 있게 시작하는 청년   82

뛰어노는 아이들   85

학교가 행복한 학생들   87

평범한 사람들을 혁명가로!   91

|4장| 도시를 바꾸는 힘

체제에 도전하는 걷기와 자전거 타기   97

보행 우선 도시   101

자전거 중심 도시   105

대중교통의 개선   109

자동차 없는 도시   113

숲속 도시   118

공동체의 활성화   122

미세먼지의 획기적 감축   127

|5장| 지구를 바꾸는 힘

기후변화는 대체 왜 생기는 걸까?　　　133

2도가 올라간다면?　　　137

기후변화를 막기 위한 노력과 녹색기본소득　　　142

에너지 전환과 녹색기본소득　　　147

탈핵　　　151

생태사회를 위한 투자에 녹색기본소득기금을!　　　155

석유 없는 시대, 준비는 지금부터　　　160

|6장| 녹색기본소득 재원은 어떻게 마련할까?

녹색기본소득으로 줄어드는 각종 비용　　　169

세금을 정의의 원칙에 맞게!　　　172

나가는 말　　179

주　　185

1장

기본소득과
참여소득에 관하여

'기본소득'이란
말의 뜻

기본소득에 대해 아는 분도 있고, 처음 듣는 분도 있을 겁니다. 기본소득 개념에 익숙하신 분들은 이번 장은 안 읽고 그냥 넘어가도 됩니다. 아니면 복습하는 기분으로 읽어도 좋겠습니다.

기본소득은 한마디로 '사회 구성원 모두에게 기본적으로 지급되어 누구나 얻는 소득'이라고 보면 됩니다.

"얘들아, 밥 먹어!"

제가 사는 동네에는 아이가 5명인 집이 있습니다. 엄마는 항상 너무너무 바쁩니다. 돈도 벌어야 하고 살림도 해야 하니 어벤저스가 한참 전투 중일 때의 노동 강도가 그쯤 될 겁니다.

첫째는 중학교 3학년이고 막내는 이제 겨우 다섯 살인데요, 엄마는 다섯 아이의 밥을 일일이 구분해 담지 않습니다. 대신 이렇게 말하죠.

"다 똑같이 퍼줬으니까 먹고 나서 더 먹고 싶은 사람은 알아서 더 먹어."

엄마는 '다섯 아이 모두에게 기본적으로 지급되어 누구나 얻는 밥'을 제공합니다. 만약 기본소득에 심취해 있는 사람이 그 장면을 보았다면 "이게 바로 '기본 밥'이다"라고 설명했을 겁니다.

기본소득은 이런 겁니다. 사람이 사람이기 위해 기본적으로 필요한 소득을 '돈'으로 직접 지급하자는 것이죠. 왜요? 사람이니까요.

"나 정말 죽을 것 같아."

어쩌다 보니 기회가 되어 남미에 간 적이 있습니다. 볼리비아의 수도 라파스는 해발 3000~4000미터 사이에 있는 도시입니다. 백두산 꼭대기보다 훨씬 높은 곳에 있죠. 이곳에서 저는 극심한 고산병에 시달렸습니다. 하루 종일 쓰러져서 손가락 하나 까딱 못했습니다. 엄청난 두통에 호흡도 마음먹은 대로 되지 않으니 지옥이 따로 없었습니다. 고산병이 발생하는 것은 공기 중에 산소 농도가 낮아서 몸에 저산소증이 생기기 때문이라고 합니다. 고산병을 막으려면 산소 농도가 일정 수치 이상 유지되어야 하는데요, 이럴 때 필요한 게 바로 '기본 산소'입니다. 제가 만든 말입니다. 기본소득은 마치 이 기본산소 같은 존재입니다. 지금 우리 사회는 많은 사람이 '저산소증'처럼 '저소득증'에 걸려 있습니다. 사는 게 너무 어렵죠.

여성이든 남성이든, 도시에 살든 시골에 살든, 20대든 60대든 할 것 없이 사람이라면 기본적으로 누려야 할 것들이 있습니다. 밥은 먹고 살아야 합니다. 누구나 어느 정도의 소득은 있어야 생계를 이어갈 수 있습니다. 인간으로서 존엄도 이러한 최소한의 소득이 있어야 유지됩니다. 이런 생각에서 꽤 오래전부터 존재했던 아이디어가 바로 '기본소득'입니다. 사회구성원이라면 소득이나 재산이 있든 없든, 일을 하든 안 하든, 나이나 성별·지역 등 어떤 차이에도 상관없이 무조건 주는 소득이 바로 기본소득입니다.

'기본적으로 필요한 것들'을 아예 돈으로!

사람이 사는 데 기본적으로 필요한 것들, 무엇이 있을까요? 집, 밥, 물, 공기 이런 것들이죠. 또

교육, 의료, 교통, 통신도 그렇습니다. 이렇게 '기본적으로 필요한 것들'을 국민 모두가 가질 수 있도록 노력하는 국가가 있습니다. 복지국가가 그렇죠. 한국도 그런 노력을 어느 정도는 해 왔습니다. '기본적으로 필요한 것들'을 부자, 가난한 자 할 것 없이 누구나 향유할 수 있도록 싼값에 제공하기 위한 방법 가운데 하나는 '이윤추구가 유일한 목적이 아닌 회사'들을 만드는 것입니다. 바로 공기업입니다. 예를 들어 대한주택공사, 농어촌공사, 한국수자원공사는 각각 집과 밥과 물과 관련된 공기업입니다.

혹시 사는 데 기본적으로 필요한 것이 '다이아몬드'라고 생각하는 사람이 있을까요? "나는 다른 건 몰라도 'SNS' 없인 못 살아." 이런 사람이 있을 수는 있습니다. 그러나 다이아몬드나 SNS는 모든 사람에게 기본적으로 필요한 것은 아닙니다. 그래서 '한국다이아몬드공사'나 '대한SNS공사'는 없는 것입니다.

'기본적으로 필요한 것들'을 대하는 두 가지 태도가 있습니다. 하나는 "그것도 시장에서 공급하는 게 맞다"라는 태도입니다. 이런 주장에 따르면, 모든 건 민영화해야 합니다. 스마트폰을 팔듯이 집이나 밥, 물도 회사들 간의 경쟁을 통해 판매하게 해야 더 좋은 제품이 공급된다는 것입니다. 이 논리에 따라 교육에는 사립학교·사교육이 만연하고, 의료는 영리화 시도가 계속되고 있습니다. 또 국가기관이었던 철도청이 한 단계 격을 낮춰 한국철도공사가 되었고, 한국통신공사는 KT로 바뀌었습니다. 그러나 민영화는 전 세계적으로 실패했습니다. 실제로는 '기본적으로 필요한 것들'을 늑대 앞의 양의 신세로 만들었거든요. 비용을 절감한다며 사람을 해고하고 안전 비용마저 줄이는 바람에 곳곳에서 사고가 터졌습니다. '경쟁'이 도입된다더니 큰 기업 몇 개가 나눠먹으면서 오히려 요금은 올랐습니다.

이와는 전혀 다른 태도가 있습니다. '기본적으로 필요한 것들'을 제공하기 위해 공공성을 점차 높이자는 주장입니다. 이 주장에 따르면, 공기업이 지나치게 돈만 벌려고 하면 안 됩니다. 공교육은 지금보다 더욱 강화되어야 하고, 의료영리화는 절대 안 될 일입니다. 교통이나 통신의 공공성은 높아져야 합니다. 아예 '무상의료' '무상교육'처럼 무상 제공이 옳은 경우도 있습니다. 많은 복지국가에서 이미 이런 식으로 해오고 있습니다.

미리 말씀드리면, 저는 후자 입장을 갖고 있습니다. 사람이 사는 데 '기본적으로 필요한 것들'은 공적으로 제공되어야 합니다. 여기서 기업이 돈 벌 생각을 하면 안 됩니다. 집, 밥, 물,

공기 그리고 교육, 의료, 교통, 통신, 난방 같은 '기본 물품', 또는 '기본 서비스'를 국가가 철저히 챙긴다면 인간의 존엄성이 훼손되는 일은 막을 수 있을 겁니다. 그런데 이 모든 것이 무상으로 제공되지 않는 한 결국에는 돈이 필요합니다. 일자리가 있어야 하는 이유 중 하나입니다.

문제는 원하는 사람 누구나 일자리를 쉽게 구하지 못한다는 점입니다. 어떤 정부든 늘 '일자리 창출'이 핵심 공약인 것은 역설적으로 일자리가 없기 때문입니다. 돈을 벌지 못하면 공기업이나 국가가 사람 사는 데 '기본적으로 필요한 것들'을 값싸게 제공해도 구입할 수가 없습니다. 민간 기업이 제공하는 상품에 대해서는 더 말할 것도 없죠. 이 때문에 불평등이 심화됩니다.

이 순간에 이런 상상을 해봅니다. 만약에 말이죠. 무상교육, 무상의료가 실시된다면? 일자리가 없는 사람에게는 매우 다행일 겁니다. 학교에서 무상급식을 하는 것처럼 온 국민 무상급식이 실시된다면? 굶어 죽는 사람은 없을 테죠. 그때가 되면 무상급식 말고 이름을 '기본 급식'이라고 붙이면 더 좋겠다는 생각이 들지만요. 어찌 됐든, 현실에서는 일자리를 갖지 못해 소득이 없는 사람은 '기본적으로 필요한 것들'이 공적으로 싼값에 제공되더라도 구입하기가 어렵습니다. 이렇게 되면 불평등 완화는 고사하고 인간으로서 존엄 자체가 위협받지요. 게다가 어떤 생필품은 시장에서만 살 수 있을 뿐 공적으로 제공되지 않습니다. 예를 들어 옷을 제공하는 공기업이 있다는 얘기를 들어본 적이 없습니다. '무상신발' '무상헤어서비스'가 필요하다고 주장하는 사람을 본 적도 없고요. 그러니 돈은 필요합니다. 방법이 없을까요?

'기본소득'은 여기서 등장합니다. 기본적으로 필요한 것들을 구매할 수 있도록 현금을 지급하자는 겁니다. 한번 생각해보세요. 나에게 매달 수십만 원이 들어온다면 어떨 것 같은지요. 어떤 사람에게 이 돈은 '기본 급식'을 줄 것이고, 또 어떤 사람에게는 '기본 교통'을 제공할 것입니다. 다른 누군가에게는 '기본 인터넷'이 될 것입니다. '기본 옷'을 사는 사람도 있을 테고요.

기본소득은 사람이 사는 데 기본적으로 필요한 것들을 얻을 수 있게 하는 기존과는 전혀 다른 새로운 방식입니다. 그렇다고 해서 기존 복지제도를 다 없애고, 기본소득만 제공하자는 주장은 물론 아닙니다. 기존 복지제도에 기본소득제도를 추가해 복지를 보다 확대·강화하자는 것입니다.

국가가 주는 '월급'이
기본소득

한국에 기본소득이 도입되면, 이런 기사가 실리겠죠.

"2030년부터 정부는 대한민국에 거주하는 모든 국민에게 조건 없이 매달 50만 원씩 기본소득을 지급하기로 하였습니다."

이 문장에 기본소득의 특징이 다 들어 있습니다. 우선 '모든 국민'에게 줍니다. 국민이라면 누구나 한 사람도 빼놓지 않고 지급한다는 의미죠. 나이가 어린 사람만 주거나, 청년만 주거나, 노인만 주는 게 아니라 그야말로 모든 국민에게 다 지급한다, 이것이 기본소득의 첫째 특징입니다. 그러니 나도, 내 아이도, 내 부모나 자매형제도 모두 기본소득을 받을 수 있습니다. '1인 1표'처럼 '1인 1기본소득'인 것이지요.

둘째, 기본소득은 '조건 없이' 지급합니다. 가난한 사람에게는 주고 중산층에게는 안 준다거나, 실업자에게는 주고 벌이가 있는 사람에게는 안 주지 않습니다.

"최소한 명함 세 장은 모아 오셔야 합니다. 열심히 새 직장을 알아보셨다는 증거를 제시하셔야 해요."

예전에 제가 실업급여를 받았을 때는 노동부에서 교육을

받고, 열심히 직장을 알아보고 있다는 증거를 제출해야 했습니다. 조건을 달고 돈을 지급하는 방식이었습니다. 기본소득에는 이런 게 없습니다. 그냥 무조건 지급합니다.

기본소득의 셋째 특징은 '모든 국민'이라는 말에 들어 있습니다. 곧 모든 '개인'에게 준다는 의미입니다. 앞서 '1인 1기본소득'이라는 표현을 했는데요, 이 말은 가족 가운데 한 사람에게 대표로 지급하는 게 아니라, 기본소득을 가족 구성원 개개인에게 준다는 의미이기도 합니다. 여기에는 나름 특별한 뜻이 있습니다. 여러분도 한번 생각해보십시오. 이 돈을 본인에게 직접 주는 게 좋은지 아닌지요. 가족에게 주면 그 돈은 가족 안에서 힘 있는 사람이 주도해 사용할 수 있습니다. 해리포터는 호그와트마법학교로 가기 전까지 어린 시절을 이모부 집에서 보냅니다. 2층으로 올라가는 계단 밑 자투리 공간이 그의 방이었죠. 어느 날 이모부의 아들 두들리의 생일을 맞아 이모부 식구들과 해리포터는 동물원에 놀러갑니다. 출발하기 전 이모부는 해리포터에게 이렇게 경고합니다.

"조금이라도 이상한 일을 하면 일주일 동안 먹을 것 없다. 알겠냐?"

기본소득을 개인별로 지급한다면 해리포터가 일주일을 굶을 일은 없을 것입니다.

넷째, 기본소득은 정기적으로 지급되어야 합니다. 회사에서 받는 월급과 똑같이 말입니다. 첫 달은 5일에 주고, 둘째 달은 25일에 주면 계획을 가지고 살아가기가 힘들지요.

다섯째, 기본소득은 현금으로 주어야 합니다. 그래야 개인이 자기 마음대로 쓸 수 있습니다. 이것은 순전히 자유의 문제입니다. 지역상품권 같은 것으로 줄 수도 있지만, 이는 또다른 제약이 될 수 있으니 현금이 낫습니다.

여섯째, 기본소득은 충분해야 합니다. 이에 대해서는 의견이 좀 분분합니다. 기본소득으로 기본 욕구를 충족시킬 수 있어야 한다는 의견이 있고, 그 정도는 아니어도 된다는 의견이 있습니다. 기본소득으로 완전히 먹고살 만해지면 아무도 일을 하지 않을 것 아니냐는 반론이 가능합니다. 인간의 존엄을 잃지 않을 정도의 액수면 될 것 같습니다. 그게 얼마인지는 사회에 따라 다르겠지요.

기본소득은 국가가 주는 월급이라고 생각하면 됩니다. 국가가 아니라 지방자치단체가 주는 경우도 있을 수 있습니다. 다만 이 월급은 매우 특별해서 딱히 조건을 달지 않고 무조건 줍니다. 국민이라면 누구나 그 존재 자체만으로 기본소득을 받을 자격이 있습니다. 이런 이유로 기본소득을 설명할 때 '월급'보다는 '배당'이라고 말하는 게 더 정확합니다. 주식을 사본 분들은 배당을 받은 적이 있을 겁니다. 주식을 샀을 뿐 특별히 그 회사를 위해 따로 일한 게 없는데도 때가 되면 회사가 이익의 일부를 주주에게 나눠주는 게 배당입니다. 이처럼 따로 노동을 하지 않아도 국가가 국가의 주인인 국민에게 배당을 하는 것, 이것이 바로 기본소득입니다.

일하지 않아도 받는 기본소득

사실 기본소득 구상이 등장하게 된 것은 기존 복지국가 시스템이 이제는 좀 흘러간 물처럼 여겨지기 때문입니다. 기존 복지국가를 따라가기도 아직 한참 남은 우리 입장에서는 목적지가 이미 쇠락하기 시작했다니 좀 슬픈 일입니다. 과거 자본주의 국가는 완전 고용을 목표로 경제를 꾸렸습니다. 원하는 사람은 대부분 일자리를 구할 수 있었습니다. 그러다 보니 직장에 취직해 월급을 받아 사는 생활은 모든 인간에게 공통적인 삶의 양식이 되었습니다. 실제 현실에서는 나라마다 차이가 있고, 이미 오랫동안 실업이 골칫거리인 나라가 많았지만요. 이상은 그랬다는 겁니다. 이 개념에 따라 국가 정책도 만들어졌습니다. 정부는 일자리 창출에 늘 열심이었고, 또 한편으로는 노동과 연계된 복지제도를 꾸준히 늘려갔습니다. 일을 하다 실업을 하면 고용보험금을 주고, 일을 하다 다치면 산재보험금을 주고, 역시 일을 하다 나이가 들어 퇴직을 하면 국민연금을 주는 식이었죠. 그런데 세상이 바뀌면서 이제 이런 시스템으로 사회를 유지하는 게 어렵지 않겠는가 하는 목소리가 나오기 시작한 겁니다. 우선, 아무리 노력해도 완전 고용은커녕 전 세계가 청년 실업으로 몸살입니다. 기업은 적은 인력으로 많은 일을 시키는 데에만 관심을 가집니다. 불안정 노동도 늘었습니다. 웬만하면 노동자들을 정규직으로 쓰지 않습니다. 그 결과 불안정한 일자리가 지나치게 확대됐습니다.

'노동시장 유연화'라는 말을 많이 들어봤을 겁니다. 노동자를 사고파는 시장을 유연화한다, 그러니까 노동자를 쉽게 쓰고, 쉽게 버릴 수 있게 한다는 뜻입니다. 노동시장 유연화는 사장님의 언어입니다. "너 참 생각이 유연하다"는 좋은 말입니다. "오, 유연한 자세!" 부러워서 하는 말입니다. 그러나 "고용을 유연하게" "임금을 유연하게"는 당하는 입장에서는 '불안정화'입니다. 게다가 앞으로는 4차 산업혁명 때문에 공장에서 제품 조립은 로봇이 다 하고, 머리 쓰는 일은 바둑 말고 다른 것도 잘하는 AI가 할 테니, 사람은 할 일이 없어질 수도 있다는 전망이 많습니다. 다른 한편에서는 4차 산업혁명에 맞는 새로운 일자리가 많이 생길 것이라는 의견도 물론 있지만요. 어찌 됐든 이러다 보니 기존에 '노동'을 전제로 만들어놓았던 여러 복지제도가 삐걱거리기 시작합니다. 일을 한 사람에게 주는 고용보험은 애초에 고용보험을 받을 수 없을 정도로만 일을 하거나 아예 일한 적이 없는 사람이 직장을 구하는 데는 도움이 전혀 안 되는 식인 거죠. 기본소득은 이렇게 고용과 연계한 복지제도가 삐걱거리면서, '일과 연계하지 않고도' 복지를 제공하는 방법이 없을까 고민하다가 나온 아이디어라고 보면 되겠습니다.

또다른 이유도 있습니다. 같이 곰곰이 생각해보죠. 가사노동이나 돌봄노동처럼 꼭 필요한 노동은 그동안 가치를 잘 쳐주지 않았습니다. 복지국가도 그랬습니다. 그러나 시대가 바뀌었습니다. 가사노동과 돌봄노동이 없으면 사회가 원활하게 굴러갈 리 없습니다. 스티브 잡스도 밥을 차려주는 노동이 있었기 때문에 혁신가가 될 수 있었습니다. 프레디 머큐리도 러닝셔츠와 청바지를 세탁해주는 노동이 있었기에 수만 관중 앞에 설 수 있었죠. 이런 노동에 대해서도 이제는 대접을 해줘야 하는 것 아니냐는 생각이 형성된 것입니다. 그동안 사회가 '월급 받을 만한 노동'으로 취급하지 않았던 노동을 이제는 인정해야 합니다.

가난한 사람들, 여성, 흑인이 인간이면서도 투표권을 늦게 얻었던 것처럼, 돌봄노동과 가사노동도 노동이므로 늦었지만 '소득권'을 주자는 얘기입니다. 기본소득을 지급하게 되면 열심히 노동을 하면서도 돈 한 푼 받지 못했던 사람들에게 월급이 지급됩니다.

더 깊은 고민을 하는 사람도 있습니다. 사람은 모두 제각각 다르지만, 인간이라는 바로 그 이유 하나로 존중받아야 하죠. 그러나 현실은 그렇지 않습니다. 정규직과 비정규직, 여성과 남성, 장애인과 비장애인, 대졸자와 고졸자(대졸자 중에서는 '인서울'과 지방대), 도시 사는 사람과 농촌 사는 사람, 이성애자와 동성애자 등 여러 이유로 차별이 벌어지고, 먹고사는 것도 달라집니다. 그런데 이런 차이들이 과연 차별의 이유가 될 수 있는 건가요? 비장애인이 장애인에 비해 좋은 직장에 다니고 돈을 더 벌어야 할 정당한 이유는 무엇입니까? 애초에 비장애인이거나 장애인인 건 우연입니다. 사회는 그런 우연으로 인한 차이를 강화시키는 게 아니라 약화시켜야 하는 곳이지요. 서울에 있는 대학에 다니는 사람과 지방대생은 또 어떻습니까. 그래도 인서울 대학생은 노력을 했으니 대우받는 게 괜찮다고 말할 수도 있습니다. 정말 그럴까요? 공부하면서 쓴 학원비, 어쩌면 더 좋았을 학군과 학교 환경, 부모님의 전폭적인 지원, 좋게 물려받은 IQ, 10시간씩 책상에 앉아 있어도 버틸 수 있는 체력, 이 가운데 하나 혹은 전체가 모여 인서울 대학생을 만들었습니다. 이중에 우연이 아닌 요소는 거의 없습니다. 심지어 노력하는 기질조차 유전적 요인이 크다면요?

사회는 우연적 요인으로 발생하는 사람과 사람 사이의 차이를 교정하고 격차를 해소하는 쪽으로 더욱 더 발전해야 합니다. 그래야 사람 사는 사회이고, 그래야 세상이 나아진다고 말할 수 있습니다. 기본소득은 바로 이런 차이를 줄이기 위해 필요한 것입니다.

사회는 점차 부유해지는데 사람들은 가난해지고, 그렇다고 모든 사람이 일자리를 구할 수도 없는데다가, 복지제도는 여기저기 빈구석이 많고, 그동안은 몰랐는데 새롭게 인정해줘야 할 노동이 있다는 것도 알았으니, 그리고 사람 사이의 차이는 거의 대부분 우연적 요인으로 발생한 것이니 이런 점들을 교정하기 위해 부단히 노력해야 합니다. 그 노력의 일환으로 모든 사람에게 기본적으로 일정한 액수의 소득을 지급하자는 것입니다.

기본소득을 지급하면
이런 장점이!

　　　　　　기본소득을 받으면 어떤 효과가 생길까요. 생각해볼 수 있는 점이 몇 가지 있습니다. 일단 사람들의 소득이 전반적으로 늘어납니다. 이것만으로도 좋은 일입니다. 어떤 사람들은 없던 돈이 생기면 아무도 일하지 않을 것이라고 말하는데 그렇지는 않은 듯합니다. 기본소득에 대한 여러 연구에 따르면 기본소득은 노동할 마음을 없애는 게 아니라 오히려 증가시킨다고 합니다. 기본소득으로 받는 돈에 월급까지 받을 생각을 하면 기분이 좋잖아요. 게다가 돈 한 푼 없이 직장을 구할 때보다는 기본소득이라도 호주머니에 있으면 마음에 여유도 생기고 비참함도 덜할 테니, 한결 나아진 기분으로 직장을 구할 수 있을 겁니다.

　　또한 기본소득을 받으면 싫어하는 일, 힘든 일을 안할 수 있다는 장점도 있습니다. 장시간 노동을 거부할 힘도 생깁니다. 여기서 "요즘 젊은 사람들이 힘든 일을 안 하려고 해서 문제야"라고 생각할 분은 없을 거라 믿습니다. 힘든 일이나 장시간 노동을 하지 않으려는 사람들의 태도가 문제인 게 아니라, 노동조건을 개선하려 하지 않고, 대가도 별로 주지 않으면서 일만 오래 시키려는 사업주가 보통은 문제니까요.

기본소득을 통해 노동자가 자신감을 얻으면 '교섭력'이라는 게 생깁니다. "그 돈 받고는 일 안 해요." "그런 식으로 취급하면 일할 생각 없습니다." "그렇게 장시간 노동은 거부합니다"라고 말할 용기가 생기는 것이죠. 어떤 사람은 사장님이 기본소득을 핑계로 "너 기본소득 받는 것 있으니 월급 인상은 좀 천천히 할게"라고 말할까봐 걱정하는데요, 보통 노동자와 노동조합의 힘이 세면, 그러니까 교섭력이 클수록 임금이 올라가는 경향이 있으니 그 점도 크게 염려할 일은 아닙니다.

기본소득은 여성의 지위를 향상시킵니다. 매우 안타깝게도 여성은 일정 나이가 되면 출산과 육아 때문에 잠시 회사를 떠나는 일이 비일비재합니다. 사실 출산과 육아 때문이 아니라 출산과 육아를 참지 못하고 여성을 내쫓는 회사 때문에 그런 일이 벌어지는 것이죠.

"한참 독박육아 하다가 다시 회사에 다니려고 하면 경력 없다고 안 뽑아주고, 그새 나이 들었다고 무시해서 구할 수 있는 일자리는 이런 것밖에 없어요."

40~50대 여성이 형편없는 저임금 일자리에서 일하는 이유입니다. 기본소득이 지급되면 이런 여성들에게도 숨 쉴 여유가 아주 조금은 생길 것입니다. 가사노동과 돌봄노동을 현실에서 전담하는 게 주로 여성들이니 이들의 인정받지 못하는

노동을 기본소득이 인정해주는 것이기도 하고요. 그렇다고 해서 가사 및 돌봄노동의 대가로 기본소득이 지급되는 것은 아닙니다. 그렇게 되면 "기본소득 받으니까 집에서 계속 일해"라고 말하는 못된 사람들이 생길 게 틀림없거든요. 그보다는 기본소득을 무기로 여성들이 지금보다 경제권을 더 확보해서 가사와 양육 부담을 공평하게 나누기 위해 싸울 수 있기를 염원합니다.

아울러 기본소득은 복지 사각지대를 없애는 의미도 갖고 있습니다. 나이가 들어도 국민연금을 받지 못하는 사람들, 회사를 그만뒀지만 실업급여를 받지 못하는 사람들, 잘못된 제도 때문에 생계급여를 받지 못하는 사람들 등 많은 이들이 복지 사각지대로 인한 피해를 기본소득으로 메울 수 있을 것입니다.

기본소득을 지급하는 나라들

기본소득제는 여러 나라에서 실시하고 있거나 한창 실험을 하고 있습니다. 스위스는 2016년에 국민투표를 진행해 부결되긴 했지만 국민투표를 추진했던 사람들은 생각보다 찬성 의견이 많아 오히려 힘을 얻었다고 합니다. 아프리카 나미비아에서는 기본소득 시범사업을 진행했습니다. 실업률이 높았는데 사람들이 의욕을 가지고 그 돈으로 장사도 하고, 가내수공업도 시작하고, 저축도 했다고 합니다. 이 밖에 핀란드, 네덜란드, 캐나다 등에서도 기본소득 실험을 했거나 할 예정이라고 합니다. 현재 기본소득을 실시하고 있는 대표적인 곳은 알래스카입니다.

"앗! 거기도 사람이 사나요?" 이렇게 묻고 싶은 분이 혹여 있을지 모르겠습니다. 워낙 한국에서 멀기도 하고 낯선 곳이니까요. 제주도에 있는 카페 '알래스카'를 먼저 떠올릴 분도 있을 겁니다. 인터넷에서 검색해보면, '광활한 풍광, 미지의 세계, 태고적 자연' 이런 말이 주로 나오지만, 이곳에도 당연히 사람이 삽니다. 위키백과에서 확인해보니 알래스카 인구가 63만 명가량 되는군요.

알래스카는 주로 석유에서 나오는 수익을 알래스카영구기금으로 적립합니다. 석유수익금을 따로 모아놓는 것이죠. 그리고 이 기금을 잘 굴려서 거기서 나오는 이익을 알래스카 주민에게 기본소득으로 나눠줍니다. 매년 기금 수익에 따라 액수가 달라지긴 하지만 전반적으로 원활하게 실시되고 있다는군요.

알래스카의 경우 국가 전체가 아니라 한 지역 차원에서 기본소득을 실시하고 있는 것인데요, 반면 나라 전체가 실시하는 곳도 있습니다. 바로 이란입니다. 이란이라고요? 맞습니다. 이라크 옆에 있는 이란이요. 과거 페르시아라고 불렸던 그 나라입니다. '페르시안 고양이'의 그 페르시아 말이죠.

사실 우리가 이란을 접할 일이라고는 국가대표끼리 축구할 때 빼놓곤 없습니다. 예전에 한국 축구가 이란과 붙어서 6 대 2로 졌을 때를 기억하는 사람이라면 중년 남자가 틀림없습니다. 이란은 기본소득을 2010년부터 도입했다고 합니다. 한 달에 국민 한 사람당 우리 돈으로 150만 원 정도를 지급한다고 하네요. 우와, 대단합니다. 한 달에 150만 원이라니, 한국에서는 직장을 다녀도 150만 원 미만으로 버는 사람들이 허다한데, 이란은 기본소득으로 150만 원을 주는군요. 부럽습니다.

그런데 알래스카와 이란 사례에서 주목할 부분이 있습니다. 두 경우 모두 석유를 판 돈으로 기본소득을 준다는 사실입니다. 석유는 사용하면 할수록 대기를 오염시키고 기후변화를 촉진합니다. 기본소득이 석유와 연결되어 있다는 것은 기본소득을 받으면 받을수록 대기오염과 기후변화가 심해진다는 얘기입니다. 기본소득이 사회를 변화시키기보다는 사회를 오염시키고 있는 것입니다. 게다가 석유는 무한한 자원이 아닙니다. 수십 년 안에 지구상에서 완전히 사라집니다. 그렇다면 석유를 재원으로 한 기본소득도 수십 년 안에 없어질 가능성이 큽니다.

책 초입에 기본소득에 필요한 돈을 어디서 마련하느냐에 따라 기후변화를 막고 생태사회로 전환하는 데 도움이 된다는 얘기를 잠깐 했는데요, 모든 기본소득이 반드시 그런 건 아니라는 점이 분명해 보입니다. 어떤 기본소득이냐에 따라 생태사회로 전환하는 데 도움이 될 수도 있고 방해가 될 수도 있는 것입니다.

기본소득의 친척
'참여소득'

지금부터는 기본소득의 친척들에 대해 설명하겠습니다. 앞서 기본소득의 특징을 이야기했는데요, 그 특징 전체를 완전히 만족시키는 기본소득도 있지만, 특징 가운데 한두 개쯤은 만족시키지 못하는, 그러나 기본소득과 비슷한 제도들이 있습니다. 아동수당, 기초노령연금 같은 것들이 대표적입니다. 사회수당인데요, 조건 없이, 현금으로, 정기적으로, 각자에게 주긴 하지만 모든 시민에게 다 주는 건 아니고 '몇 살부터 몇 살까지' 하는 식으로 연령 범위를 정해 지급합니다.

기본소득처럼 찔끔찔끔 주지 말고 아예 목돈을 주자는 구상도 있습니다. 그럴 듯합니다. 한 달에 30~40만 원 받느니 한 번에 2000~3000만 원 받으면 뭔가 원대한 구상을 할 수 있고 좋습니다. '사회적지분급여'라는 게 있습니다. "나도 그 회사에 지분이 좀 있어"라고 할 때의 그 지분입니다. 시민은 우리 사회를 공동으로 만들고 유지하는 사람으로서 사회에 대해 지분이 있으니 그것을 근거로 급여를 준다는 의미로 이해하면 됩니다. 사회적지분급여가 실제 정책으로 만들어졌던 사례로는 영국의 아동신탁기금이 있었습니다. 아이가 태어나면 계좌를 만들어주고, 거기에 태어나자마자 한 번, 그리고 7세 때 한 번 이렇게 두 번에 걸쳐 정부가 일정액을 넣어줍니다. 시간이 지나면서 계좌에 있는 돈은 불어나겠죠. 18세가 되면 계좌에서 돈을 찾아갈 수 있었습니다.[1] 그런데 몇 년간 시행하다가 없어졌습니다.

이와 비슷한 제도가 정의당의 청년사회상속제입니다. 심상정 의원이 이 법안을 발의했는데요, 20세가 되는 청년들에게 한 사람당 1000만 원씩 지급하자는 내용입니다. 한국에서는 일 년에 상속증여세가 5조 원 조금 넘게 걷힙니다. 이걸 청년들에게 똑같이 나눠주자는 취지입니다. 청년사회상속제를 구호로 만들면 이 정도가 되지 않을까 싶습니다.

"금수저는 부모에게 상속받으니, 흙수저는 사회에서 상속 받자!"

사실 고백하자면, 이 구상은 제가 2017년 정의당 내부에서 대통령 경선에 출마해 심상정 후보와 경쟁할 때 한국에서 처음으로 내건 정책입니다. 저만의 추억입니다.

기본소득의 마지막 친척은 '참여소득'입니다. 참여소득은 사회적으로 쓸모 있는 일에 참여한 사람에게 소득을 주자는 구상입니다. 마을 청소, 길 가꾸기 같은 각종 봉사활동을 생각해볼 수 있습니다. 공동체를 가꿔나가는 데 참여하는 사람이 늘어날수록 세상은 좀더 좋아질 테니, 그런 참여를 조건으로 기본소득을 주자는 발상입니다. 꽤 참신합니다. 애초에 기본소득이 '아무 조건 없이' 소득을 보장하는 것이니까, 참여소득은 기본소득의 대원칙과 좀 맞지 않는 측면이 있긴 합니다. 그래서 그럴까요. '참여소득'은 아이디어는 나와 있지만 전세계적으로 실험이 진행된 적이 있는지는 모르겠습니다.

조금만 생각해보면 참여소득을 실제 정책으로 만드는 게 쉽지 않겠다는 생각이 들긴 합니다. 사회적으로 유용한 일에는 앞서 예를 든 자원봉사나 시민단체 지원, 정치활동 참여 같은 일이 있을 텐데요, 사회적으로 쓸모 있는 일의 원래 취지는 사라지고, 오직 참여소득을 받기 위해 여러 편법이 난무할 가능성이 큽니다. 예를 들어 '사회적으로 의미 있는 일'이라는 것이 자신이 원하지 않는 일일 가능성이 있습니다. 이럴 경우, 참여소득을 받기 위해 대충 해치워야 할 '귀찮은 일'로 여겨지겠죠. 얼마나 참여했는지 일일이 확인하는 게 매우 힘들다는 점도 문제입니다. 행정력이 크게 소모될 수 있습니다.

"선생님, 그냥 저희 4시간 일한 걸로 해주시면 안 될까요?"

예전에 제가 서울 구로 지역에서 활동할 때 중학생들이나 고등학생들이 봉사활동 점수를 따기 위해 오는 경우가 있었습니다. 학생들은 본인이 원해서가 아니라 학교에서 시켜 봉사활동에 나서기도 합니다. 그러다 보니 활동의 의미를 충분히 이해하고 열심히 하기보다는 시간 때우고 점수 받아가는 데만 관심을 갖는 모습을 종종 보입니다. 학생들이 다 그렇다는 건 아닙니다. 참여소득도 이렇게 될 가능성이 있습니다. 활동을 측정하기 위해 '출석 체크'를 하는 데 많은 노력과 비용이 들 수 있다는 점도 곤란한 문제입니다. 참여소득을 지급받기 위해 따로 시간을 내야 한다는 점도 번거롭고요. 월급을 받으려고 회사에 나갔다가, 참여소득 때문에 또다른 곳에 출근하는 것을 원할 사람은 별로 없을 겁니다. 직장 일만 해도 충분히 피곤하니까요.

끝으로 기본소득이 '무조건'인 것은 인간이라는 존재 자체로 인간답게 살 권리가 있다는 깊은 철학적 의미를 담고 있어서입니다. 기본소득에 조건을 단다는 것은 인간으로 하여금 원하지 않는 행동을 강제하는 것이 될 수 있습니다. 이것이 과연 '인간은 존재 자체로 인간답게 살 권리가 있다'는 철학과 어울리는 건지 모를 일입니다. 제가 생각하는 참여소득의 마지막 단점입니다.

다만, 지금까지 말씀드린 단점을 극복할 방안이 있다면, 참여소득은 기본소득의 한 유형으로 적극 고민될 필요가 있습니다. 사회에 기여하는 공적 행위가 점차 늘어나는 건 매우 좋은 일이니까요. 참여를 측정하는 게 더이상 어렵지 않고, 모든 시민이 일상에서 지속적으로 실천하기에 충분하며, 그것이 사회를 의미 있게 바꾸는 데 효과적이라면 참여소득은 적극적으로 실험해볼 만한 구상임이 틀림없습니다.

2장

녹색기본소득이란
무엇일까?

친환경 이동 시민에게
'녹색기본소득'을!

지금부터 제가 생각한 아이디어를 말씀드리겠습니다.

'걷기·자전거 타기·대중교통 이용하기를 조건으로 기본소득을 지급하자.'

매우 간단한 구상입니다. 항상 복잡한 발명품만 세상을 바꾸는 건 아닙니다. 저는 이 구상을 지금부터 '녹색기본소득'이라 부르겠습니다.

"기본소득 개념도 아직 어려운데, 참여소득이요? 이름에는 '녹색'을 하나 더 붙여야 한다고요? 사람들이 이 개념을 이해하려면 시간이 한참 걸릴 것 같아요."

책을 쓰면서 제 아이디어를 몇 사람에게 들려주었을 때 반응은 다 이랬습니다. 똑같은 말을 출판사 관계자도 하셨는데, 안 팔릴 것 같아 출판이 쉽지 않겠다는 말이었으나 모른 체했습니다. '친환경참여소득' '녹색실천기본소득' 같은 말도 생각해봤습니다. 너무 관변단체 구호 같았습니다.

"보행기본소득 어때요? 자전거나 대중교통을 포함해야 하니 '친환경이동소득'이 좋을까요?"

녹색기본소득이 효과를 제대로 발휘하면, 봄이나 겨울에 미세먼지 없는 맑은 하늘을 가져올 수 있지 않을까, 그런 맑은 하늘을 만드는 데 모두가 기여하자는 의미를 담는 게 나을 듯해 '맑은하늘기여소득제' 같은 용어도 생각해보긴 했습니다. 녹색기본소득이 잘 시행된다면 맑은 하늘만 따라오는 게 아닙니다. 여러 측면에서 많은 효과를 기대할 수 있습니다. 이름을 '맑은 하늘'에 국한하지 말아야겠다 싶었습니다. 그 모든 고민의 결론이 '녹색기본소득'입니다. 결정하고 보니 지극히 평범한 이름이 되어버렸습니다.

"난 무조건 김치찌개야."

저희 아버지는 산해진미가 있어도 결국은 김치찌개를 택하십니다. 점심도 김치찌개, 저녁도 김치찌개입니다. 녹색기본소득을 김치찌개로 지급해도 만족하실지 모릅니다. 기교 없이 오직 직구로, 정면승부하며 승리를 쌓아가는 정통파 투수라고 볼 수 있는데, 녹색기본소득이라는 작명도 그런 정면승부 정신이 담겨 있다고 이해하면 되겠습니다. 지금부터 녹색기본소득의 여러 측면에 대해 하나하나 살펴보겠습니다.

누구나 할 수 있는 '참여'

녹색기본소득은 참여가 간단합니다. 측정도 쉽습니다. 앞서 참여소득의 단점으로 이야기했던 내용이 있습니다.

"사회적으로 의미 있는 일이지만 나는 원하지 않아. 싫지만 가야 하는 곳은 학교로 족해!"

"직장 생활도 힘든데 따로 시간을 내야 하다니, 투잡 하라는 건가?"

"참여의 측정? 출석체크+근태관리!"

"금세 말을 바꿨다. 인간 존재 자체로 기본소득을 받을 권리가 있다더니."

보통의 참여소득은 원하지 않는 일을 특별히 시간을 내해야 하는데다 측정이 어렵습니다. 조건부 기본소득이므로 기본소득의 철학을 위배한 측면도 있고요. 그러나 녹색기본소득은 이런 문제들을 쉽게 해결합니다. '이동'은 누구나 하는 일입니다. 걷거나 자전거를 타거나 대중교통을 이용하는 것은 사회적으로 의미 있으면서 동시에 모든 시민이 늘 하는 일이지요. 따로 시간을 낼 필요도 없습니다. 만약 별도로 시간을 낸다면 그것도 개인을 위해 나쁜 일은 아닙니다. 요즘은 건강을 위해 일부러 걷거나 자전거 타는 사람도 많잖아요.

측정도 쉽습니다. 측정 기구는 이미 우리가 가지고 다니는 스마트폰에 들어 있습니다. 스마트폰을 한번 확인해보십시오. 건강 관련 각종 애플리케이션(앱)이 걷기, 뛰기, 자전거 타기 등을 체크할 수 있도록 기능을 갖추고 있습니다. 사실 녹색기본소득은 걷거나 자전거를 탈 때 걸음 수나 이동 거리, 시간 등을 모두 확인할 수 있는 스마트폰 기술이 개발됐기 때문에 비로소 가능한 정책입니다.

"난 양념치킨 별로야. 끈적끈적하고 너무 달아."

"근데, 이 양념치킨은 괜찮아. 끈적임도 없고 짭짤한 게 좋은데?"

양념치킨을 싫어하는 사람에게도 입맛에 맞는 양념치킨이 있을 수 있는 것처럼, 녹색기본소득은 참여소득 가운데서는 꽤 쓸 만한 제도입니다.

사실 기본소득과 연관되지 않아서 그렇지 걷기만 하면 혜택을 준다는 발상은 민간 기업, 공공기관 할 것 없이 이미 활용되고 있습니다.

제 스마트폰에는 '캐시워크'라는 앱이 깔려 있습니다. 앱에 들어가면 첫 화면에 '돈 버는 만보기'라고 적혀 있죠. 하루 걸음 수만큼 '캐시'라는 이름의 포인트를 적립할 수 있습니다. 우리 아이가 이 앱의 맹렬한 사용자입니다. 포인트가 웬만큼 쌓이면 편의점에서 라면도 살 수 있고, 카페에서 녹차도 마실 수 있습니다. 얼마 전 아이와 이런 대화도 했습니다.

"아빠, 드디어 내가 아빠한테 아메리카노를 사줄 수 있게 됐어. 포인트가 쌓였거든"

"아빠는 커피 안 마셔."

SK텔레콤도 비슷한 걸 합니다. '걷기 리워드 프로그램'이 라는 건데요, 걷기만 해도 통신요금을 할인해줍니다. 광고 내용은 이렇습니다.

"매주 주간 미션(주 단위 걷기 목표) 달성 시 4가지 혜택 중한 가지를 제공합니다. ①SK텔레콤 통신요금 3000원 할인 ②스타벅스 아메리카노 1잔 ③뮤직메이트 월 400회 듣기 쿠폰 ④영풍문고 e-money 교환권 4000원"

서울시에서는 '워크온'이라는 앱을 통해 걸음 수에 따라

마일리지를 적립하고, 걸음 목표 수를 채우면 쿠폰을 얻거나 기부할 수 있게 하는 제도를 시행 중입니다. 홈페이지에는 이런 설명이 적혀 있습니다.

"시민의 걸음으로 건강도 챙기고 기부도 할 수 있는 걷기 마일리지, 동네 상권 활성화는 덤!"

녹색기본소득도 똑같습니다. 걷거나 자전거를 이용하거나 대중교통을 타면 포인트를 쌓아주고, 그 포인트가 매달 기준을 넘으면 한 달에 한 번씩 정기적으로 기본소득을 주자는 것입니다. 다시 한 번 말씀드리지만 별 것 아닌 아이디어입니다. 다만, 효과는 민간 기업이나 지방자치단체가 쿠폰 등을 걸고 하는 것과 매우 다를 것입니다. 커피 몇 잔, 통신요금 일부 할인 등은 몇몇 개인의 생활을 조금 바꿀 수 있을지는 몰라도 사회 전체를 바꿀 수는 없습니다.

사실 과거에 그린교통포인트라는 이름의 제도도 있었습니다. 2011년부터 정부가 시행했던 제도입니다. 역시 걷거나 자전거를 타는 사람에게 포인트를 주어 사용할 수 있도록 하는 제도였지만 시행 5년이 지났는데도 이용하는 사람이 5만 명 정도밖에 되지 않았습니다. 혜택이 많지 않은 것이 한 이유였던 것으로 보입니다. 결국 이 제도는 폐지됐습니다. 그러나 민간 기업, 서울시 같은 지방자치단체들에서 여전히 걷거나 자전거를 타면 혜택을 주는 아이디어가 끊임없이 사업화되고 있습니다. 문제는 시민이 얻을 수 있는 '혜택'이 어느 정도인가 하는 것입니다. 걷기나 자전거 타기가 기본소득과 연결되는 순간 매우 놀라운 일들이 벌어질 것입니다. 그 놀라운 일은 3장부터 하나하나 살펴보겠습니다.

앞서 들었던 몇 가지 사례가 '티끌 모아 티끌'이라면, 녹색기본소득은 '티끌 모아 태산'의 방법입니다. 이 아이디어가 실현된다면 세상을 크게 바꿀 수 있을 것입니다. 저는 그렇게 굳게 믿습니다. 여러분도 이 책을 본 뒤 저와 생각이 같아졌으면 좋겠습니다.

'인간 존재'라는 조건

기본소득을 주는 일에 아무 조건이 없는 것은 모든 인간은 '인간'이라는 이유 하나만으로도 인간답게 살 자격이 있다는 생각 때문입니다. '인간 존재'라는 사실만 있으면 다른 자격 필요 없이 소득을 나눠가질 조건으로 더없이 충분하다는 것입니다. 물론 현실에서 기본소득 '정책'을 구체적으로 시행할 때는 시민 자격이 있는 사람에게만 지급할 수밖에 없긴 합니다. 어제 입국한 외국인에게 기본소득을 줄 수는 없으니까요. 외국인은 일정 기간 한국에서 산 사람에 한해 기본소득을 줄 수 있을 것입니다. 이는 사회적으로 논의하면 되는 문제입니다.

"모든 국민은 인간으로서의 존엄과 가치를 가지며, 행복을 추구할 권리를 가진다. 국가는 개인이 가지는 불가침의 기본적 인권을 확인하고 이를 보장할 의무를 진다."

대한민국 헌법 제10조입니다. 내용을 보면 '개인이 가지는 불가침의 기본적 인권'을 보장할 의무는 다른 누가 아닌 '국가'에 있습니다. 국가가 있든 없든 원래 인권은 모든 개인에게 보장되어야 할 권리입니다. 다만 현실에서 인권을 지켜야 할 가장 큰 책임은 국가에 있는 것입니다. 지구는 크거나 작은 국가로 나뉘어 있고, 그 구획 속에서 인류가 나름의 방식으로 공동체를 이루며 살아갑니다. 국가가 인권을 지키는 책임을 갖는 건 어찌 보면 당연합니다.

기본소득은 국가(혹은 지방자치단체)에게 받는 것이므로 '국민(지방자치단체가 지급하는 경우에는 주민)의 자격'을 갖춘 사람에게 지급됩니다. 그러나 그 바탕에는 인간으로서 권리를 보장할 국가의 의무가 자리하고 있습니다. 국가가 기본소득을 지급하는 것은 기본소득을 받는 당사자인 국민이 '인간 존재'이기 때문입니다.

다른 권리도 마찬가지입니다. 인간으로서 자유로울 권리, 평등할 권리, 차별받지 않을 권리 등은 모두 인간이 굳이 어떤 의무를 다해서가 아니라 그냥 인간이기 때문에 갖게 되는 권리입니다. 예나 지금이나 이런 권리를 하늘이 줬다고 해서 '천부인권'이라 설명하기도 합니다. 현실에서는 국가가 이런 권리를 '기본권'이라 부르면서 보장해주고 있는 것이고요.

자, 그렇다면 녹색기본소득은 '인간 존재'라는 자격을 인정해서 지급하는 기본소득의 정신을 벗어난 걸까요? 여러분 생각은 어떻습니까?

인간은 '직립보행'을 하면서부터 인간이 됐습니다. 인간은 원래 걷는 존재이고, 이동하는 존재입니다. 그러므로 걷는 행위, 이동하는 행위는 곧 인간 그 자체라 할 수 있습니다. 인간은 걷고 이동하면서 길을 내고, 역사를 만들어왔습니다. 동아프리카에서 인류가 처음 탄생하고, 지구 곳곳으로 퍼져 현재에 이른 것은 모두 걷기를 비롯한 이동을 통해 가능했습니다. 배우 하정우는 2018년 낸 책 《걷는 사람, 하정우》를 이 말로 마칩니다.

"티베트어로 '인간'은 '걷는 존재' 혹은 '걸으면서 방황하는 존재'라는 의미라고 한다. 나는 기도한다. 내가 앞으로도 계속 걸어 나가는 사람이기를. 어떤 상황에서도 한 발 더 내딛는 것을 포기하지 않는 사람이기를."

걷기가 인간 그 자체는 아닐지라도 인간의 핵심 속성임에 틀림없으며, 인간의 본질에 가깝다고 말하는 게 크게 잘못된 것은 아닐 겁니다. 두 발을 이용하고 별도의 동력을 사용하지 않는다는 점에서 자전거 타기도 비슷하고요. 그래서 집에만 있는 자식에게 부모는 흔히 이렇게 말합니다.

"너는 어떻게 된 인간이 만날 방구석에만 처박혀 있니? 나가서 좀 돌아다녀!"

그러므로 걷기와 자전거 타기 등을 조건으로 지급하는 녹색기본소득이 '인간이라는 자격'만 따져서 지급하는 기본소득 정신에서 크게 벗어나는 것은 아닙니다. 녹색기본소득의 '조건'은 인간이면 당연히 하는 통상 행위, 인간의 존재 양태, 결국 '인간 존재' 그 자체입니다.

포인트를 모으면, 기본소득

지금부터는 녹색기본소득 구상에 대해 조금 더 자세히 이야기해보겠습니다.

첫째, 걷거나 자전거를 타거나 대중교통을 이용하는 사람에게 일정 포인트를 제공합니다. 이동 거리와 시간 측정은 이미 말씀드린 대로 스마트폰 앱을 이용하면 됩니다. 정부가 새로 개발할 수도 있고, 몇몇 앱을 지정할 수도 있겠죠. 포인트만 표시하는 게 아니라 이동하면서 감축한 탄소 배출량, 소모한 칼로리도 함께 측정해 표시하면 효과 만점일 것 같습니다.

대중교통 이용자의 경우에는 버스나 지하철 탈 때 쓰는 교통카드를 통해 이용 시간을 확인할 수 있도록 시스템 및 관련 제도를 조금만 손보면 될 것입니다. 앞서 언급했듯이 한국 정부는 이미 그린교통포인트제도를 실시했던 경험이 있으니 시스템 구축은 전혀 문제될 게 없습니다.

둘째, 포인트가 일정 수준에 다다르면 기본소득을 지급합니다. 기본소득이 애초에 조건 없는 소득이라는 점과 기본소득을 지급하는 기준이 너무 높을 경우 사람들의 참여도가 떨어질 수 있다는 점을 고려해야 합니다. 동시에 실질적으로 자동차 이용을 줄이고, 나중에는 대중교통 이용조차 감소시킬 정도의 적정 기준을 사려 깊게 판단해야 할 것입니다. '커트라인'을 잘 잡아야 한다는 말입니다.

한국에서는 하루에 자동차 한 대가 평균 59.2킬로미터를 운행합니다. 일본은 평균 26.1킬로미터입니다. 한국이 일본의 두 배입니다. 54.7킬로미터인 미국보다도 많습니다. 자동차 이용에 관한 한 우리는 세계 최강국입니다. 선진국과 비교했을 때 도로를 통한 여객 수송량이 지나치게 높고, 자동차를 너무 길게 운행하며, 자가용 승용차의 경우 나홀로 운전자가 압도적으로 많습니다.[1] 이런 식으로 자가용 승용차나 대중교통을 이용하면서, 또 일부는 걷거나 자전거를 타면서 2014년 기준으로 직장인들은 하루 평균 수도권의 경우에는 1시간 36분을, 나머지 지역은 1시간 11분을 이동했습니다.[2]

서울시민은 하루 평균 72분가량을 대중교통으로 출퇴근합니다. 이 가운데 걷는 시간은 30분 정도입니다. 버스나 지하철을 타러 가는 시간, 환승할 때 걷는 시간을 합한 것입니다. 한국교통연구원에서 연구를 진행한 게 있습니다.[3] 교통바우처[4]를 지급하거나, 회사에서 출퇴근 비용을 100퍼센트 환급하게 하는 등 다양한 방식으로 교통요금을 지원할 경우 자가용 승용차를 이용했던 사람 중 얼마나 대중교통으로 옮겨갈 것인가를 조사했습니다.

이 조사에서 특히 교통바우처를 지급할 경우, 인천은 승용차 이용자의 27.7퍼센트가 대중교통을 이용하겠다고 답변했습니다. 서울과 경기는 16~17퍼센트 정도가 그렇게 답했고요. 어떤 경우든 지원금은 최대 7만 원이 조금 안 됩니다. 이 정도 지원만 있어도 자가용 승용차 이용 비율이 상당한 수준으로 줄어든다는 것입니다. 녹색기본소득을 실시한다면 이보다 효과가 훨씬 클 것입니다. 매달 일인당 수십만 원의 녹색기본소득이 지급될 경우 자가용 승용차 이용자 가운데 상당수가 대중교통을 이용하거나 걷기, 자전거 타기에 나설 것입니다.

셋째, 걷기와 자전거 타기, 대중교통 이용하기 각각에 몇 포인트를 줄 것인가도 중요합니다. 고려할 점이 많습니다. 걷기의 경우 포인트를 주는 기준은 걸음 수나 이동 거리보다는 시간으로 하는 게 나을 것입니다. 똑같이 한 시간을 걷더라도 어떤 사람은 1000걸음을, 어떤 사람은 2000걸음을 걸을 수 있으니까요. 젊고 튼튼한 사람은 짧은 시간에 목표를 채우겠지만, 그렇지 않은 사람은 불리한 면이 있을 테니, 이런 점을 종합적으로 감안해야 합니다. 토끼가 특별히 거북이보다 유리해서는 안 됩니다.

또 전동휠체어는 걷기로, 전기자전거는 대중교통으로 간주하는 게 어떨까 합니다. 전동휠체어는 전기를 사용하기는 하지만 신체장애인의 발과 같습니다. 대신 같은 전기를 사용하지만 전기자전거는 일반 자전거와 달리 온실가스 배출과 디 연관이 있으므로 대중교통처럼 취급하는 게 좋을 것입니다.

함께
계산해보기

이제 조금 더 구체적인 방안을 제 안합니다. 아래 예시를 볼까요?

"1포인트를 얻는 조건"

....

걷기 및 전동휠체어를 이용해 7.5분 이동

자전거를 타고 9분간 이동

버스로 30분 이동

지하철 및 장애인콜택시를 이용해 20분 이동

이는 하나의 예시에 불과합니다. 이 제도가 실제로 도입되기 위해서는 별도의 기구를 통해 기본소득 도입 기준이 되는 포인트를 심도 깊게 연구해야 할 것입니다. 최저임금은 매년 최저임금심의위원회에서 결정합니다. 건강보험료는 건강보험정책심의위원회라는 곳에서 정하고요. 녹색기본소득 조건은 녹색기본소득위원회 같은 기구를 설치해 결정하면 됩니다. 여기서 지역별, 도시별 차이, 출퇴근 시간과 아닌 시간의 차이 등 여러 가지를 감안해서 '빅데이터' 분석과 함께 구체적 수치를 뽑는 게 중요할 것입니다.

그러니 앞에 제시한 안은 그야말로 하나의 아이디어 정도로만 취급하면 되겠습니다. 사람은 평균 시속 4킬로미터로 걷습니다. 자전거 속도는 정부에서 정책을 세울 때 시속 20킬로미터로 계산합니다. 서울 버스는 2017년 기준으로 평균 시속 19킬로미터, 지하철은 노선별로 다르지만 대체로 시속 25~35킬로미터입니다. 서울시민의 경우 1킬로미터를 이동하는 데 평균 '걷기 15분' '자전거·버스 3분' '지하철 2분'가량이 걸리는 셈입니다. 이 점을 감안하되, 걷기와 자전거 타기에 나름의 가중치를 두고, 실제로는 '이동 거리'가 아니라 이동한 시간만 따지도록 하였습니다. 여러분도 여러분의 안을 만들어보면 어떨까 합니다.

위 제안 내용을 기준으로 '한 달에 총 300포인트를 달성하면 녹색기본소득을 지급'하는 것으로 해봅시다. 하루 10포인트를 얻으면 한 달 동안 300포인트 달성이 가능합니다. 소요 시간으로 계산해보겠습니다. 걷기는 하루에 75분만 하면 10포인트가 달성됩니다. 자전거는 1시간 30분을 타면 되고요, 버스는 5시간, 지하철은 3시간 20분을 이용하면 10포인트가 쌓입니다. 사람들은 이런 고민을 할 것입니다.

"나는 출근하는 데 1시간 5분 정도가 걸리지. 버스 30분, 지하철 20분, 걷는 데 15분. 이걸 포인트로 환산하면 4포인트.

퇴근까지 합하면 8포인트. 2포인트는 어디서 챙기지? 퇴근할 때 두 정거장 일찍 내려 걸어볼까?"

"이참에 버스 대신 자전거를 탈까?"

만약 출근 거리가 10킬로미터인 사람이 버스나 지하철을 이용하면 1포인트를 얻는 반면, 자전거를 이동하면 3포인트 이상을 받습니다. 퇴근까지 합하면 자전거 이용자는 약 7포인트 가까이가 생깁니다. 여기에 걷기 23분 정도만(3포인트) 추가하면 하루 목표를 달성하게 됩니다.

저는 서울 구로동에서 여의도까지 출근합니다. 대중교통을 이용하든 자전거를 이용하든 1시간 정도가 걸립니다. 집에서 몇 년째 이런 대화를 하고 있습니다.

"자전거 하나 새로 살까?"

"좋은 자전거는 꽤 비싸던데, 그냥 버스타고 다닐래."

"건강에도 좋잖아. 한강 따라 출근하니까 기분도 좋고."

"아침에 자전거 타면 피곤해."

"익숙해지면 괜찮아지지 않아?"

"샤워할 데도 없어."

"여름 빼곤 땀 금방 식잖아."

"그래도 아침부터 고생스러워."

"지난번에는 여의도까지 하나도 힘들지 않다고 해놓

고선."

녹색기본소득 앞에서 더이상 이런 고민은 하지 않을 것입니다. 사람들은 걷거나 자전거 타는 방법을 '중심에 두고' 이동 방법을 조합할 것입니다. 버스나 지하철은 점차 중요성이 낮아지겠죠. 자가용 승용차는 말할 것도 없고요. 여러분들은 어떤가요?

물론, 걷거나 자전거를 타기 위해서는 습관을 바꾸는 것 말고도 필요한 일이 많습니다. 걷기 좋고 자전거 타기 좋은 환경을 만드는 게 필수적입니다. 이에 대해서는 뒤에서 자세히 이야기하겠습니다.

만 7세부터 64세까지
지급하면 어떨까?

녹색기본소득 지급 대상은 원칙적으로 시민 전체입니다. 다만, 자동차 이용이 상대적으로 적은 연령대의 시민에게는 포인트 적립 조건 없이 기본소득을 지급하는 방안도 고민해볼 만합니다. 이 역시 절대적 기준이 있는 게 아니니, 사회적으로 잘 의논해보면 될 일입니다.

아동수당이나 노령수당, 청년수당처럼 보통 '사회수당'이라 불리는 제도들은 개념상 기본소득과 유사합니다. 이런 경우 녹색기본소득을 도입해 갑자기 조건을 달면 복지가 후퇴하는 것으로 받아들여질 수 있습니다. 그러니 기존에 기본소득과 유사한 정책이 있는 나라의 경우에는 녹색기본소득의 지급 연령대를 보다 신중히 고민할 필요도 있겠습니다.

"'아이'라는 이름의 미래, 아동수당이 함께합니다."

보건복지부의 아동수당 홍보문구입니다. 한국은 2018년 9월부터 아동수당제도가 시작됐습니다. 2019년 9월부터는 만 7세 미만 아이들에게 매월 10만 원씩 지급됩니다. 부모가 받습니다. 7세 미만에게 '걷기와 자전거 타기'라는 조건을 굳이 새로 달기보다는 현행대로 조건 없이 아동수당을 지급하는 것이 좋겠습니다. 이 연령대의 시민은 직접 자가용 승용차를 모는 일이 있을 수 없고, 깨어 있는 시간 대부분을 걷고 뛴다는 점에서 어쩌면 녹색기본소득의 조건을 늘 달성하고 있다고 봐도 무방할 겁니다.

스웨덴, 노르웨이, 덴마크 등 복지국가 분야의 감초들도 모두 아동수당제도가 있습니다. 지급 연령은 나라별로 다릅니다. 보통은 16~18세 정도까지로 알려져 있습니다. 이런 나라들도 멀쩡히 지급하던 아동수당에 갑자기 '걷기와 자전거 타기'라는 조건을 다는 건 쉽지 않을 것입니다. 따라서 사회적으로 충분한 논의가 있어야 합니다.

노년층에 대해서도 고민이 필요합니다. 한국은 현재 만 65세 이상이면서 일정 기준에 부합하는 노인에게 한 달에 25만 원씩 기초연금을 지급합니다. 제도의 미비점 때문에 비판이 적지 않습니다. 계속해서 고쳐나가야 합니다. 이 문제와 별도로 기초연금이 기본소득 성격이 있는 것은 맞습니다. 이를 감안해 녹색기본소득은 기초연금을 받기 전인 만 64세까지를 대상으로 하면 될 것 같습니다.

물론, 요즘에는 "인생은 60부터"라는 말도 식상해졌고, 70세가 됐다고 해서 고희연을 하는 일도 많지 않습니다. 저희 부모님도 70세가 넘었지만, 아버지는 매일 한 시간가량 운동 목적으로 걸으시고, 어머니는 식당에서 일하기에 하루에 걷는 양이 수 킬로미터는 됩니다. 그러니 65세 이상 시민에게 걷기와 자전거 타기를 조건으로 녹색기본소득을 지급하는 방안을 굳이 미리부터 철회할 필요는 없습니다. 세밀하게 검토해봐야 할 사항입니다.

정리하자면, 녹색기본소득 지급 연령은 만 7~64세입니다. 여기에 덧붙여 한 가지 더 제안할 게 있습니다. 녹색기본소득을 지급받을 권리는 만 7세부터 갖되 실제로 현금을 수령하는 나이는 만 19세로 하자는 겁니다.

"그럼 우리는? 준다고 해놓고 안 준다는 말인가요?"

이렇게 항의하는 청소년의 목소리가 벌써부터 귀에 들리는 것 같습니다. 만 7~18세까지 녹색기본소득은 따로 기금을 만들어 적립하는 방안을 제안합니다. 국민연금기금처럼 말이죠. 이름으로 "아동청소년녹색기본소득기금' 어떻습니까?

40쪽에서 이야기했던 '목돈을 주자'는 주장과 비슷한 발상입니다. 당연히 정의당에서 내놓은 법안인 청년사회상속제와 유사합니다. 청년사회상속제도 만 19세를 지급 연령으로 하고 있습니다. 성인이 되기 전 모아놓은 녹색기본소득을 성인이 될 때 한꺼번에 받을 수 있게 하자는 취지입니다. 아동·청소년기에 걷고 자전거를 타면서 모은 기본소득을 그날그날 소비하는 게 아니라, 기초 자산 형성을 위해 쓸 수 있도록 하자는 것이죠. 청년들이 미래를 구상하는 데 적지 않은 도움이 될 것입니다. 녹색기본소득이 청년사회상속제 정신을 이어받는다면, 아동·청소년에게 주는 녹색기본소득 재원은 '상속증여세'로부터 마련할 수 있을 것입니다.

아울러 아동청소년녹색기본소득기금은 규모가 상당할 것입니다. 이 기금을 오직 '녹색 전환'을 위한 투자에 쓸 것을 제안합니다. 투자해서 얻은 성과로 아동청소년녹색기본소득기금이 민간 기업 지분을 확보한다면 더 좋겠죠. 녹색기본소득기금의 녹색전환투자는 향후 기업 생태계를 변화시킬 것이고, 기업의 소유 구조도 바꿀 수 있을 것입니다.

얼마가 좋을까?

한 달 300포인트를 달성할 경우 지급액은 얼마가 좋을까요? 적정한 기본소득 지급액에 대해서는 많은 논의가 있습니다. 고민해야 할 점은 이런 것들입니다.

우선, 기본소득이 개인의 기본적 욕구를 충족[5]시킬 정도는 되어야 한다는 것입니다. 기본적 욕구가 무엇인지, '충족'이 어느 정도 수준을 말하는지는 나라마다 다르겠지요. 한편에서는 기본소득이 생계를 완전히 보장해줘야 하는 건 아니라는 주장이 있습니다. 맞습니다. 기본소득으로 평생 일하지 않고도 살 수 있다면, 당장 "노동은 누가 하지?"라는 질문에 봉착할 것입니다.

"한 사람당 매월 300만 원씩 지급!"

만약 이렇다면 저부터라도 일하기보다는 당장 여행 계획을 세울 것 같습니다. 그러나 기본소득 주창자들 가운데 이 정도를 지급해야 한다고 주장하는 사람은 드뭅니다. 사례가 아예 없는 건 아닙니다. 2016년 스위스에서 기본소득 국민투표가 부결된 일이 있었다는 말은 앞에서 했습니다. 당시에 기본소득 운동을 했던 단체가 내건 액수가 '한 사람당 300만 원'이었습니다. 다만, 한국은 이때 일인당 국민소득이 2만 7000달러 정도였고, 스위스는 9만 달러 정도였습니다. 그러니 스위스 국민에게는 우리의 100만 원이 좀 안 되는 가치의 돈이었을 겁니다. 이 문제는 두 번째 고민거리와도 연결됩니다. 바로 기본소득 지급의 지속가능성입니다.

"그 정도 액수를 국가가 계속 줄 수 있긴 한 거야?"

이 질문에 답할 수 있어야 한다는 것입니다. 사람들이 매달 기본소득을 받을 수 있으려면 사회가 그만큼 능력이 있어야 합니다. 따라서 기본소득 지급에 필요한 돈을 어디서 어떤 명목으로 모을 것인가는 매우 중요합니다. 이에 대해서는 6장에서 좀더 자세히 알아보겠습니다.

일 년에 그 나라 일인당 국민소득의 4분의 1 정도가 기본소득으로 적당하다는 주장[6]도 있고, 국민이 평균적으로 벌어들이는 소득의 절반은 되어야 한다는 주장도 있습니다.[7] 또 기본소득을 창당 때부터 주장한 한국 녹색당은 40만 원을 얘기합니다. 현재 실시되고 있는 제도 중에서 기본소득과 유사한 기초연금은 매월 25만 원씩 지급되고 있습니다.

기본소득을 지급하기 위한 여러 조건은 시간이 지나면서 얼마든 변할 수 있습니다. 그러니 처음부터 절대 변하지 않을 기준액을 정할 필요는 없습니다. 이 책에서도 고정된 액수를 제시하지 않을 생각입니다. 오히려 녹색기본소득액을 사회적으로 의논해 결정할 수 있도록 제도를 만드는 게 중요합니다. 이미 말씀드렸던 녹색기본소득위원회에서 소득액을 결정하면 될 것입니다. 여기에서 걷기, 자전거 타기, 대중교통 이용하기 등 각 분야별 포인트 기준도 정하고요. 3장부터는 녹색기본소득의 효과에 대해 이야기할 텐데요, 교통 혼잡, 미세먼지, 탄소 배출, 국민 건강 등 각 분야에서 녹색기본소득의 진가가 나옵니다. 녹색기본소득위원회는 이런 각종 성과를 참고할 수 있을 것입니다.

한 가지만 더 첨부하자면, 녹색기본소득은 자가용 승용차 유류비 혹은 대중교통 요금을 아끼는 효과가 있습니다.

대중교통족은 연간 교통비로 평균 50만 원을 썼다. 반면 자가용족은 연평균 225만 원을 지출했다. 자가용족이 BMW족(버스Bus, 지하철Metro, 도보Walking로 이동하는 사람을 일컫는 말)보다 4.5배의 교통비를 쓰는 셈이다[8]

삼성카드와 한국교통연구원이 2018년 발표한 자료를 인용한 한 신문기사입니다. 대중교통 이용자와 자가용 이용자의 지출이 크게 차이가 납니다.

월평균 대중교통비는 10.7만 원으로 조사됐다.[9]

2016년 경기연구원이 낸 자료 일부입니다. 대중교통 요금과 관련해서는 이 내용이 보다 현실적으로 보입니다. 적지 않은 액수입니다. 녹색기본소득이 시행되면 자가용 승용차 이용자가 대중교통을 이용하고, 대중교통 이용자가 걷거나 자전거를 탈 것이므로, 새로 소득이 발생할 뿐 아니라 교통비를 아낄수 있습니다. 전체적으로 소득이 늘어나는 효과가 생기는 것입니다. 곰곰이 따지면 녹색기본소득은 이 이외에도 각종 비용절감 효과가 있습니다. 녹색기본소득을 통해 얻는 소득은 '기본소득지급액+각종 비용절감액'입니다. '원 플러스 원'이지요.

3장

사람을
바꾸는 힘

건강해지는
시민들

걷기는 산소 섭취량을 증대시켜 심폐 기능을 강화하고, 면역력을 높여주며, 고혈압 등 성인병을 예방해주는 대표적인 유산소 운동이다. 과체중인 사람이나 노인, 심장병 환자를 위한 재활운동 프로그램으로 걷기 운동이 많이 활용되는 이유다. 무리 없이 하체의 힘을 기를 수 있고, 관절 및 두뇌 건강에도 도움이 되므로 운동을 처음 시작하는 초보자나 노약자, 심장병 환자, 고도비만 환자한테 적합하다.[1]

걷기의 장점을 잘 설명한 기사입니다. 걷기가 몸과 마음에 좋다는 건 사람들 대부분이 경험으로 알고 있는 사실입니다.

"나 잠깐 바람 좀 쐬고 올게."

골치 아픈 일이 있을 때 우리는 이렇게 말하고는 밖으로 나가 걷습니다. 맑은 공기를 쐬고 한참을 걷다 보면 기분이 한결 나아집니다. 자전거 타기는 또 어떤가요. 자전거 역시 심장병, 당뇨병, 고혈압이 발생할 가능성을 줄이고, 스트레스 해소에 도움이 되는 등 걷기와 마찬가지로 몸과 마음을 건강하게 만들어줍니다. 칸트가 늘 산책을 했고, 아인슈타인이 자전거를 타다가 상대성 이론을 생각했다는 이야기는 칸트와 아인슈타인의 위대함과 함께 걷기와 자전거 타기의 위력을 생각해보게 합니다.

건강하게 살기 위해서 격렬하게 몸을 움직이거나 지칠 때까지 운동을 할 필요는 없습니다. 너무 운동을 안 하는 것도 문제지만, 운동을 너무 심하게 하는 것도 좋지는 않습니다. 적절한 신체활동에 비해 운동 효과도 크지 않으면서 몸에 무리가 가거나 부상을 당해 얻는 손해가 현저히 늘어나기 때문입니다.[2] 따라서 격렬한 운동이 아니라 일상생활에서 '적당한 신체활동'을 해야 합니다. 이것이 건강의 지름길입니다. 한국도 국민건강증진종합계획이란 걸 세워서 국민의 건강을 향상시키기 위해 노력하고 있습니다. 이 계획에서 영국의 자료를 인용해 '적당한 수준의 신체활동'으로 예를 드는 것이 '규칙적인 중등도의 여가 활동 혹은 스포츠 활동' '규칙적으로 걷기나 자전거로 통근'입니다.[3]

사실 대한민국은 수년 전부터 자전거 타기와 걷기 열풍입니다. 국토 종주 자전거길, 동해안 자전거길, 섬진강 자전거길, 제주 일주 자전거길 등 전국의 경관 좋은 곳에는 자전거길이 있습니다. 걷기도 마찬가지입니다. 올레길, 둘레길처럼 각종 길이 넘칩니다. '서울 45길 141코스' '광주 11길 35코스' '울산 20길 67코스'처럼 지방자치단체가 조성한 길만 전국에 542곳입니다.[4] 문화체육관광부와 한국관광공사가 만든 '두루누비'라는 사이트에 가면 이런 문구가 있습니다.

최근 걷기나 자전거 타기 등 인간의 힘을 이용한 레저여행을 즐기는 국민이 지속적으로 증가하면서 여러 정부부처와 지자체 등에서 자체적으로 걷기 여행길과 자전거길을 조성 (중략) 이 시범시스템이 걷기 여행과 자전거 여행을 즐기고자 하는 이용자 여러분에게 유용한 길잡이가 되길…

이 문구를 통해 우리는 현재 우리의 걷기와 자전거 타기가 '여행', 그러니까 '레저'로 받아들여지고 있다는 점을 알 수 있습니다. 따로 시간을 내고, 어디를 가야 할지 장소를 정하고, 특별한 신발과 복장을 갖춰야만 즐길 수 있는 걷기와 자전거 타기를 모든 시민이 할 수는 없습니다. 일상생활에 습관으로 자연스럽게 녹아들어간 걷기와 자전거 타기가 중요합니다. 일본의 후생노동성은 조금 더 상세하게 이렇게 안내합니다.[5]

아침 일찍 일어나 10분이라도 걷는다.

쇼핑 시 조금 우회해 걷는다.

주차장에서는 차를 멀리 떨어진 곳에 둔다.

통근 시 대중교통기관을 이용해 걷는다.

통근 시 자전거 이용 또는 걷는다.

일이나 가사 중간에 걷는다.

버스 한 정거장 먼저 내려 걷는다.

외출 시 자전거 사용 혹은 걷는다.

엘리베이터, 에스컬레이터보다 계단을 이용한다.

가사활동 시 몸을 적극적으로 사용한다.

틈틈이 걷기와 자전거 타기를 실천할 생활 속 틈새전략입니다. 이런 방법들을 사용하면 따로 운동을 하지 않아도 충분히 건강한 생활을 할 수 있다는 것입니다. 녹색기본소득이 원하는 생활의 변화도 이런 것들입니다. 녹색기본소득은 레저의 양상도 바꾸겠지만, 그보다는 생활습관의 변화를 이끌 것입니다. 녹색기본소득으로 얻을 수 있는 건강 증진 효과는 이뿐이 아닙니다.

2018년 3월에 독일연방환경청은 경유차에서 나오는 질소산화물 때문에 2014년에 독일에서만 약 6000명이 조기 사망했고, 수십만 명의 당뇨병환자와 천식환자가 나왔다고 평가하는 보고서를 발표했습니다.[6] 이런 내용을 접할 때마다 녹색기본소득이 꼭 필요하다는 생각을 거듭 합니다. 녹색기본소득은 자동차 운행을 줄이고, 대기오염을 감소시킬 것입니다. 당연히 미세먼지도 잦아들겠죠. 기후변화가 완화될 것이므로 폭염이나 집중호우로 아프거나 다치거나 사망하는 사람 숫자도 줄어들 것입니다.

소득 증대 그리고
'버틸 수 있는 힘'

녹색기본소득은 기본소득의 일종이므로 다른 기본소득처럼 소득 증대나 노동시간 단축 같은 효과를 불러옵니다. 그중에서도 녹색기본소득이 소득 증대와 직접적으로 연관되는 측면에 대해 먼저 살펴보겠습니다.

한국의 양극화는 전 세계에서도 둘째가라면 서럽습니다. K-POP이나 K-드라마가 세계 최고인 것은 나쁜 일이 아니지만, 소득 양극화가 세계 최고 수준이라니 한참 부끄러운 일입니다. 'K-양극화'라는 말이 생길지도 모르겠습니다. 월급으로만 따지면 일 년에 880만 명이 최저임금도 받지 못합니다. 2017년 기준으로 비정규직 평균 임금은 156만 원입니다. 이마저도 취직한 사람들의 이야기입니다. 청년은 청년대로, 중년은 중년대로, 노년은 노년대로 저소득에 시달립니다. 반면 상위 0.1퍼센트는 일 년에 평균 13억 원 가까이 벌고 있지요.[7] 이런 사정은 한국만이 아니라 다른 나라도 마찬가지입니다. 신자유주의의 확산으로 저소득층 확대, 불평등 심화는 전 지구의 트레이드마크가 된 지 오래입니다. 이러면 곤란합니다.

녹색기본소득은 실업자에게 소득을 보장합니다. 자격증을 따기 위해 걸음을 옮기고, 취업 준비를 위해 도서관과 학원을 드나들고, 식사 시간에 식당이나 편의점을 찾는 시간이 이제는 단순히 소모하는 시간이 아니라 녹색기본소득을 위한 시간이 될 것입니다. 노동자들의 출퇴근 시간도 물론 소득 증대를 위한 시간이 됩니다. 직장과 집의 거리가 멀면 먼 대로, 가까우면 가까운 대로 노동자들의 이동 시간과 방식은 소득의 근거가 되니까요.

"그냥 걸어 다녀요."

서울 구로 지역에서 활동할 때 여러 노동자를 만났습니다. 그야말로 열악한 환경에서 일하는 노동자가 많았습니다. 요양보호사, 간병인, 식당 노동자, 마트 유통 노동자, 주택가 소규모 공장 노동자, 배달 노동자 등 생활 속에서 흔히 만나는 노동자들이었습니다. 대개 인근 지역에 사는 주민이기도 했습니다. 삼성전자 본사에서 일하는 노동자는 본사가 있는 강남으로 출퇴근해야 합니다. 그러나 식당 노동자가 일할 수 있는 음식점은 곳곳에 있습니다. 우리 동네나 다른 동네에서 비슷한 일자리를 구할 수 있다면 당연히 가까운 동네에서 구합니다. 교통비를 아껴야 하니까요. 제가 만난 노동자들이 대개 인근 지역 주민이었던 이유입니다. 걸어 다니는 노동자들도 적지 않았습니다. 녹색기본소득은 이분들의 걸음을 더욱 가치 있게 만들 것입니다.

한 노동단체 활동가가 이분들과 이야기를 나누고 있었습니다. 사장님에게 임금인상을 요구할 힘이 없고, 때로 사장님들도 똑같이 가난해 난감하다는 이야기였습니다. 그분이 이렇게 말했습니다.

"이분들의 임금인상 수단은 '이직'이죠."

동네 노동자들은 최저임금이 곧 자신의 임금입니다. 그보다 임금을 더 받기 위해서는 "돈 더 준다는 곳으로 옮기는 것"이 유일한 방법인 것이지요. 파업이나 투쟁이 아니라 이직이 유일한 임금인상 방법입니다. 그렇다고 돈벌이가 나아질 만한 이직 자리가 항상 있느냐 하면 그런 것은 아닙니다. 고만고만한 이직 자리가 있을 뿐입니다. 노동자들은 그런 일자리들을 옮겨 다니면서 동네를 떠돕니다.

공단 지역도 마찬가지입니다. 공장에서 임금인상은 노동조합이 있어야 기대해볼 만합니다. 그러나 대기업 사업장을 제외하면 요즘에는 노동조합 만드는 게 쉽지 않습니다. 파견업체에서 파견한 청년 노동자들이 몇 개월에서 일 년 단위로 공장을 마치 순회하듯 떠도는 공단도 있습니다. 1학년이 끝나고 2학년이 되면 새로운 반으로 헤쳐 모이는 학생들처럼, 영화 한 편이 끝나면 다른 곳으로 떠나는 관객들처럼 말이죠. 이래서는 노동조합을 만드는 게 불가능합니다. 공단 전체를 아우르는 노동조합이나 산업별 노동조합이 활성화되지도 못한 상황이니 더욱 그렇습니다. 동네 노동자들이나 공단 노동자들이 이렇게 떠돌 수밖에 없는 이유는 당장 입에 풀칠하기 급급해서입니다. 녹색기본소득이 이런 노동자에게 '버틸 수 있는 힘'이 될 수 있다면 좋겠습니다.

노동과 '걷기'가 직접적으로 연관되는 노동자도 많습니다. 백화점이나 중소규모 마트에서 일하는 노동자들은 하루종일 서 있거나 걷습니다. 택배 노동자들은 그야말로 내내 운전과 걷기를 반복합니다. 가전제품 수리 노동자, 인터넷 연결 서비스 노동자들도 그렇습니다. 개중에는 청년 노동자가 상당히 많습니다. 녹색기본소득은 이들에게 확실한 소득 증대 방안이 될 겁니다.

음식점을 운영하는 제 어머니는 새벽부터 늦은 시간까지 많은 일을 합니다. 주방 안으로만 국한해도 하루 내내 움직이는 거리가 엄청납니다. 냉장고에서 가스레인지로 그리고 조리대와 싱크대로 분주히 움직입니다. 잠시도 쉴 틈이 생기지 않습니다. 일을 마치고 나면, 언제나 다리는 퉁퉁 붓고 어깨며 팔이며 아프지 않은 곳이 없습니다. 이렇게 고되게 일하는 자영업자들에게 녹색기본소득은 꽤 반가운 손님이 될 겁니다. 특히 자영업자의 80퍼센트가 영세업자입니다. 자영업자들의 제자리걸음, 매장 관리를 위한 분주한 움직임, 좁은 가게에서 하는 쪽운동. 이는 모두 녹색기본소득 포인트를 쌓아나가는 좋은 방법이 될 수 있습니다.

기초 자산으로
자신 있게 시작하는 청년

만 7세부터 18세까지 아동·청소년들에게는 기본소득을 바로 지급하지 않고 아동청소년녹색기본소득기금에 쌓아두었다가 만 19세 때부터 언제든 찾아갈 수 있도록 하자고 제안했습니다. 이 방안이 꼭 실현되었으면 좋겠습니다. 녹색기본소득기금제도는 기본소득으로 모아놓은 돈을 '기초 자산'으로 사용할 수 있게 하자는 구상입니다. 청년들에게 기초 자산이 필요한 이유는 분명합니다. 지금 청년들은 대한민국 역사상 처음으로 부모보다 가난하게 살 가능성이 큰 세대입니다. 전 세계적으로도 비슷한 현상이 나타나고 있습니다. 이런 적이 없었습니다.

자산소득 양극화가 가장 큰 원인입니다. 임금 차이도 심각하지만, 정말 큰 문제는 부동산이나 주식 같은 자산을 가진 사람들이 돈을 싹쓸이한다는 점입니다. 태어날 때부터 '금수저'를 물고 태어나는 사람을 '흙수저' 소지자가 이길 방법은 없습니다. 비슷해지는 것조차 힘듭니다. 금수저가 얼마나 대단한지 평범한 사람들은 모를 수 있습니다. 2016년 통계에 따르면 만 10세가 안 된 아이들 가운데 집 주인이 전국에 8139명이었습니다. 5채 이상 소유한 아이도 25명이나 되었고요.[8]

"서울에 이렇게 아파트가 많은데 왜 나는 집이 없지?"

이런 생각 하는 분들 많이 있죠.

"이 아파트 한 채 장만하려고 대출을 얼마를 받았는지 몰라" 하는 분도 있고요. 금수저는 이런 생각 안 합니다. 태어나 보니 집주인이 되어 있는걸요. 일 년에 부모가 자식에게 물려주는 상속·증여재산은 68조 원 가까이 됩니다. 하루에 1860억 원가량인데요. 여러분이 이 책을 읽고 있는 오늘 하루도 1860억 원이 상속되거나 증여되었습니다.[9] 여러분은 오늘 부모님에게 무엇을 받으셨나요. 구박?

기초 자산은 평범한 사람이 사회생활을 처음 시작할 때 밑천이 좀 있어야 하기에 필요한 것입니다. 부자들처럼 집 한두 채씩 물려받고 시작하지는 못하더라도 최소한의 자산은 있어야 출발선이 비슷해질 테니까요.

"돈도 실력이야, 너희 부모를 원망해!"

최순실의 딸 정유라가 했던 말, 아직도 많은 분이 기억할 겁니다. 이 말을 듣고 청년들은 매우 분개했습니다. 아마, 청년들의 부모 역시 비통한 마음에 괴로웠을 겁니다. 녹색기본소득은 이런 불평등의 해결책으로 '비통해하기'를 넘어 걷고 자전거 타기를 권합니다.

만 7세부터 빼놓지 않고 녹색기본소득을 적립했다고 가

정해봅시다. 만 18세까지 12년 동안 모은 기본소득을 만 19세가 되면 찾아갈 수 있습니다. 기본소득 지급액은 사회적 논의를 통해 결정합니다. 최소 월 20만 원이 지급된다면 2880만 원이 모입니다. 월 40만 원이면 5760만 원이고요. 이 정도면 인생 밑천으로 결코 적은 돈이 아닙니다. 전세 보증금으로 쓰든, 장사 밑천으로 사용하든, 학교 등록금으로 내든 할 수 있습니다. 한 번에 목돈을 받게 되면 노는 데 탕진할 것이라는 주장이 있습니다. 저소득층 청년 혹은 저학력 청년일수록 인생을 의미 있게 계획하는 데 필요한 정보가 적어서 나중에 돌이켜보면 후회할 만한 선택을 할 가능성이 있다고 주장하는 기본소득론자도 있습니다. 그러니 한 번에 목돈을 주는 기초 자산보다는 매월 조금씩 주는 기본소득이 낫다는 것인데요, 녹색기본소득을 통해 지급되는 기초 자산은 노동의 대가는 아니지만, 오랜 시간에 걸쳐 또다른 의미의 노력을 통해 형성한 것입니다. 어느 날 갑자기 지급받는 식의 기초 자산보다는 지출에 신중할 가능성이 높습니다. 행동 유형으로만 따져 비유하자면, 청년들은 졸부보다는 자린고비 쪽에 더 가깝게 행동할 것입니다. 또한 청년들이 아동·청소년기를 거치며 모은 기초 자산을 허투루 사용하지 않도록 일종의 '돈 잘 쓰는 교육'을 녹색기본소득기금이 체계적으로 진행해야 할 것입니다.

뛰어노는 아이들

　　　　　　무엇보다 녹색기본소득으로 아이들이 뛰어노는 시간이 많아질 것입니다. 제가 가장 설레는 점입니다. 한국 아동·청소년들은 7~9세 어린이의 경우 하루 평균 36분, 10~12세의 경우 35분, 13~15세는 34분, 마지막으로 16~18세는 43분 정도 바깥 활동을 한다고 합니다.[10] 한편으로 초등학생 10명 가운데 3명은 하루 2시간 이상 텔레비전을 보고, 10명 가운데 2명은 역시 하루 2시간 이상 인터넷을 하거나 게임을 합니다. 중학생이나 고등학생이 되면 텔레비전을 보는 시간은 확 줄어드는 대신 하루 2시간 이상 인터넷이나 게임을 하는 비율이 10명 가운데 3~4명꼴로 늘어납니다.[11]

"너는 하루에 게임 몇 시간이나 해?"

"저요? 모르겠는데요."

"한 시간쯤 하니?"

"에이, 그건 기본이고요, 많을 땐 5시간도 해요."

아이 친구 중 하나는 우리 집에 놀러오면 항상 스마트폰만 잡고 있습니다. 그 아이와 실제 나눈 대화입니다.

"지난 주 일요일에는 8시간 했어요."

아이에게 물어보니 그 친구가 유별나게 게임을 많이 하는 건 아니랍니다. 엄마에게는 일주일에 5시간만 하겠다고 해놓고, 학원 가는 시간을 제외한 모든 시간에 '마인크래프트' '배틀그라운드' 같은 각종 게임에 빠져 있답니다. '몰겜'이 아이들 생활의 상당 시간을 차지하는 겁니다. 물론 학생들은 하루 중 가장 많은 시간을 공부에 사용합니다. 아동·청소년의 하루 공부 시간은 평균 7시간가량입니다.[12]

한국 학생들이 얼마나 공부에 시달리는지 여러분도 너무나 잘 알고 있을 거라 생각합니다. 잠깐의 여유시간에는 유튜브나 게임에만 집중한다는 사실도, 공부와 인터넷이 양분한 일상 때문에 뛰어놀 시간이 거의 없어 문제라는 점도 말이죠.

"주입식 교육 여전" "하루 종일 책상에만 앉아 있는 아이들" "청소년 건강 심각" "아이들 비만 점점 늘어"

이런 제목이 달린 신문 기사들은 일 년 내내 나옵니다. 그런데요, 제가 고등학교에 다니던 1980년대에도 기사 제목은 같았습니다. 대체 사회는 나아지고 있는 걸까요?

녹색기본소득은 아동과 청소년들을 더욱 뛰어놀게 할 것입니다. 부모들은 "밖에 나가 놀아!"라고 자주 외칠 것입니다. 동네 놀이터에 가면 흔치 않게 보이는 풍경이 있습니다. 아이들은 미끄럼틀이나 시소에 매달려 놀고, 엄마나 아빠는 놀이터 옆 벤치에 앉아 스마트폰을 보는 모습입니다. 제가 사는 동네에도 놀이터가 있는데 그곳을 지날 때면 거의 항상 그런 광경을 목격합니다. 그뿐인가요. 뛰어놀지는 않고, 놀이터 구석에 모여 게임을 하는 아이들도 요즘 많습니다. 녹색기본소득은 아이들을 밖에서 뛰어놀게 할 것이고, 밖에 나가서도 게임하는 습관을 어느 정도는 바꿀 것이며, 양육자가 아이와 함께 걷거나 뛰는 혹은 자전거를 타는 시간을 늘릴 것입니다. 이런 변화가 가져올 효과는 꽤 대단하지 않을까요?

물론 "기본소득 받아야 하니 나가서 놀아!"라면서 강압적으로 놀기를 요구하는 부모가 있긴 하겠지만 "어서 공부해!"보다는 훨씬 나을 겁니다. 사회 전체적으로 걷기와 자전거 타기를 열심히 장려하는 문화가 점차 형성되면 부모가 요구하지 않아도 학생들이 먼저 나가 뛰어놀 것입니다.

학교가 행복한 학생들

학교 자체의 변화를 기대합니다. 학교는 학생들을 교실에 가둬두지 말고 신체활동을 더욱 많이 할 수 있도록 관련 프로그램을 대폭 늘려가야 합니다. 녹색기본소득이 요구하는 학교의 상입니다

효과는 클 것입니다. 2017년 기준으로 초등학생부터 고등

학생까지 비만 학생은 100명 가운데 17명가량인데요,[13] 녹색 기본소득이 도입되어 학교가 변하고 생활습관이 바뀌면 비만 학생은 줄어들 것입니다. 세계보건기구WHO에 따르면 전 세계 적으로도 비만 아동이 1억 2400만 명에 달한다고 합니다. 녹색기본소득이 세계 각국에서 실시된다면, 세계적 차원에서 비만 아동을 상당히 줄일 수 있을 것입니다.[14] 그뿐인가요. 사실 아동과 청소년은 '잘 노는 것'이 무엇보다 중요합니다. 잘 노는 아이는 정서 발달도 당연히 좋습니다.[15] '잘 노는 학교'는 녹색 기본소득시대에 어울리는 학교입니다.

'세이브더칠드런'이라는 세계적으로 유명한 NGO가 있습니다. 이 단체는 매년 '잘 노는 우리 학교 만들기' 프로젝트라는 걸 진행합니다. 내용은 간단합니다. 학교 안의 빈 터를 놀이 공간으로 만든 다음 4개월에 걸쳐 일주일에 40분 이상 아이들이 놀 수 있도록 해줍니다. 프로젝트 결과는 대단했습니다. 우선, 학생들의 학교생활 전반에 대한 만족도가 올라갔습니다. 선생님과의 관계나 친구들과의 관계에서도 만족도가 높아졌죠. 심지어 학교 공부를 대하는 태도도 긍정적으로 바뀐 학생이 많았습니다. 학생들의 공격성은 눈에 띄게 감소했고, 대신 사회성과 스트레스에 대처하는 기술은 늘었습니다. 무엇보다 행복감이 상승했습니다.[16]

세이브더칠드런은 시험에 참여한 학생들의 뇌파도 측정했습니다. 전두엽이 안정적으로 발달하는 것은 공부를 하는 데에도, 사회성이 발달하는 데에도, 정서적 안정에도 매우 중요하다고 합니다. 실험 결과 전두엽 알파파가 유의미하게 상승했고, 좌우 뇌가 불균형했던 학생도 다소 균형을 회복했다고 합니다.[17] 이 실험은 사실 노는 시간을 일주일에 40분밖에 할애하지 않았습니다. 많지 않은 시간입니다. 그래도 효과는 분명해 보입니다.

"쉬는 시간 기다림, 힘들다."

"그냥 그래요, 친한 친구는 있어요."

실험을 하기 전 아이들은 학교에 대해 이렇게 표현했습니다. 그런데 실험 뒤에는 "학교가 좋다, 만족한다, 친구들과 놀이가 즐겁다, 이해심이 많아졌다"라고 말했고, "공부시간도 좋아요, 기분이 좋아요"라면서 학습시간 자체를 긍정적으로 표현하는 학생도 있었다고 합니다.[18]

전국 광역시도별로 혁신학교가 있는데요, 혁신학교 중에는 일반 학교에서 하는 수업 두 개를 묶어 한 번에 진행하고, 쉬는 시간을 30분이나 주는 곳이 있습니다. 쉬는 시간 이름도 '중간 놀이 시간'입니다.

"아빠, 우리 반 애들 중에 중간 놀이 시간 때문에 학교 오는 애들도 있어."

"너는?"

"나도 좀 그래."

혁신학교 다녔던 우리 아이가 해준 말입니다. 아이들은 이 30분 동안 그야말로 땀을 뻘뻘 흘리며 죽어라 뛰어다닙니다. 중간 놀이 시간에 신나게 놀고 나면 수업에 집중도 더 잘됩니다. 초등학생들이 두 수업을 묶어 1시간 넘게 수업을 듣는건 매우 힘든 일입니다. 그런데 이게 가능한 것은 혁신학교 선생님들이 워낙 열심히 수업 연구를 하기 때문입니다. 아울러중간 놀이 시간에 신나게 뛰어노는 것도 학생들이 수업에 집중할 수 있게 하는 또다른 요인이 분명합니다.

4차 산업혁명 시대라고들 합니다. 창의력 교육이 중요하다고도 합니다. 그렇다면 아이들은 보다 자유롭게 뛰어놀 수있어야 합니다. 줄지어 배열한 책상에 앉은 학생들을 상대로한 선생님의 일방적 강의, 이를 토대로 진행하는 주입식 교육…. 모두 자본주의가 사람들을 대량 생산에 투입할 일정 수준의 역량을 가진 노동자로 만들기 위해 채택한 요소들이었습니다. 국가권력에 대한 복종을 내면화한 '국민'을 키우기 위한것이기도 했습니다. 그러나 이제는 그마저도 변화하는 자본주의에 어울리지 않고, 성장하는 민주주의에도 합당하지 않습

니다. 녹색기본소득으로 학생들에게 마음껏 뛰어놀 자유를
보장합시다.

평범한 사람들을
혁명가로!

사는 게 달라지면 생각하는 것도
달라집니다. 녹색기본소득은 걷기와 자전거 타기를 통해 세상
을 바꾸는 거대한 시민의 등장으로 이어질 것입니다.

"미세먼지가 심하니 오늘은 걷지 말아야겠다."

"애들 자전거 타라고 했다가 사고 나면 어떡해요."

"길이 움푹 파여서 넘어질 뻔했어요."

과거에는 걷기와 자전거 타기를 어렵게 했던 이런 요인들
이 녹색기본소득 도입 이후에는 최우선 개선사항이 될 것입니
다. 지금도 구청 민원 가운데 도로 안전, 보행 편의에 관한 내
용이 많습니다. "도로가 푹 꺼진 곳이 있습니다." "신호등이 너
무 빨리 바뀝니다." "담이 무너져서 지나가기 무서워요." "골목
이 어두워요" 같은 것들이죠.

녹색기본소득이 도입된다면, 이런 민원이 그야말로 '쓰나
미'처럼 몰려들지 않을까요? 정부가 걷기와 자전거 타기에 편

리한 골목, 마을, 도시를 만들지 않을 수 없도록 시민의 요구가 빗발칠 것입니다. 대규모 녹색참여시민에게 걷고 자전거 타기에 불편한 골목길과 도로는 시민의 건강과 소득 증대를 정면으로 가로막는 존재로 인식될 것입니다. 더러운 공기, 부족한 시간에 대해서도 마찬가지입니다. 제도와 정치가 시민을 바꾸고 시민이 다시 정치와 제도를 바꿉니다. 사례는 많습니다.

파리 시장을 지냈던 베르트랑 들라노에는 2000년대 초반부터 약 10년간 파리의 명물 센강 옆을 달리는 조르주 퐁피두 고속도로를 여름 한 달 동안 폐쇄하고, 그곳에 모래사장과 야자수를 설치했습니다. 그러자 여름 휴가를 가지 못했던 수많은 시민이 센강 모래사장으로 모여들었습니다. 얼마 전까지 고속도로였던 곳에서 일광욕을 하다니 시민은 신기하기도 하고 꿈만 같기도 했을 것입니다. 이런 과정을 거치면서 시민은 강력한 해방감을 느끼게 된 것 같습니다. 시민의 지지는 조르주 퐁피두 고속도로의 영구 폐쇄 결정으로 이어졌습니다.[19] 고속도로 임시 폐쇄는 시민의 생각을 바꾸었고, 변화한 시민은 고속도로 영구 폐쇄를 이끌어냈다고 평가할 만합니다.

뉴욕은 마이클 블룸버그 시장 시절, 자넷 사딕-칸이라는 걸출한 인물이 시 교통국장이 된 뒤 교통정책을 혁명적으로 변화시켰습니다. 평소 정체가 심했던 브로드웨이의 자동차 도로를 없애고, 시민이 쉴 수 있는 공공 공간으로 바꾸는 것을 시작으로 이곳저곳에 보행자 광장을 조성했습니다. 차로와 완전히 분리된 자전거 전용도로도 만들었습니다. 뉴욕을 보행자와 자전거 이용자를 위한 도시로 탈바꿈하는 사업에 역점을 기울인 것입니다. 우리의 공용자전거처럼 뉴욕에도 시티바이크가 있는데요, 이 시티바이크는 수없이 많은 주민 모임과 각종 제안을 토대로 설치되었다고 합니다.[20] 뉴욕을 바꾸려는 시의 노력에 주민의 참여가 가세하면서 빛을 발한 것이죠.

녹색기본소득은 시민의 힘을 극적으로 높일 것이라고 저는 확신합니다. 제도와 정치가 바꾼 시민의 힘은 다시 제도와 정치를 극적으로 변모시킵니다. 기가 막힌 선순환이죠. 걷거나 자전거 타기에 좋도록 골목과 마을, 도시만이 아니라 노동시간 같은 주변의 모든 환경을 바꾸는 흐름이 형성될 것입니다. 그때부터 '걷기'와 '자전거 타기'는 사회를 바꾸는 역사적 투쟁으로 기록될 것입니다. 평범한 사람이 세상을 바꾸는 혁명가가 되는 순간입니다.

4장

도시를 바꾸는 힘

체제에 도전하는
걷기와 자전거 타기

하얀 백지가 여러분 앞에 있다고 상상해보십시오. 그림을 그리겠습니다. 도시 그림을요. 혹은 우리가 사는 마을 그림을요. 무엇부터 그리겠습니까. 아니 무엇을 중심으로 그리겠습니까?

자동차가 중심이 된 도시는 괴물 같습니다. 현대의 도시는 자동차가 중심인 공간입니다. 각종 간선도로가 기준이 되고, 간선도로와 간선도로 사이에는 크고 작은 도로들이 거미줄처럼 연결돼 있습니다. 여기저기 고가도로나 지하차도가 있고요. 때로는 멀쩡히 흐르는 하천을 막아 도로를 놓거나 주차장을 만듭니다.

흐르는 냇물을 보며 그 옆을 거닐 생각을 하는 게 당연한 인간이 그 위를 막아 도로를 놓아야겠다는 생각을 하기까지 도대체 세상에 무슨 일이 있었던 걸까요. 걷는 사람이 중심인가, 자동차가 중심인가에 따라 도로 모습은 확연히 달라집니다.

"차 조심하고."

'차 조심'은 아마도 아침에 흩어지는 가족에게 하는 말 목록 3위 안에는 들어갈 겁니다. '차 조심'이 일상의 걱정거리가 된 것은 도시가 사람이 아닌 차 중심이라는 반증입니다. 확실히 20세기는 자동차산업의 세기였습니다. 자동차를 중심으로 세계 경제가 돌아갔고 사회가 움직였습니다. 좀더 정확히 말하면 20세기는 자동차와 화석연료의 시대였습니다. 식탁 위의 곡물을 키우는 데 쓰는 비료에서부터 화장실의 플라스틱 욕조에 이르기까지 석유에서 나오지 않은 게 없습니다. 그러니까 석유와 자동차의 이 절묘한 앙상블이 현대사회를 지금의 모습으로 만든 것이지요.

이들이 산업 전체를 지배했고 국가를 장악했습니다. 심지어 20세기 노동조합의 거대한 파업도 자동차산업이 뜨고 지는 나라들의 궤적을 따라가며 등장했고 소멸했습니다.[1] 냉전이후 중요한 전쟁은 석유를 둘러싸고 벌어졌습니다. 이런 상태에서 민주적 도시, 평등 도시 건설은 불가능합니다.

도시는 자본주의의 솔직함이 드러나는 곳입니다. 독점이 강화되고, 양극화가 심화되며, 자본주의적 소비가 극단화되는 모습은 도시에서 단적으로 구현됩니다. 한쪽에는 하늘을 찌르는 고층 건물들, 곳곳에 집단으로 형성된 상업지역과 대형 마트들, 다른 한쪽에는 다가구 밀집지역과 낙후된 공공임대아파트 혹은 빈민촌. 이런 식으로 말이죠. 그 외 공간은 온통 도로입니다. 도로 위에서 아이들은 뛰어놀지 않습니다. 도로에 뛰어드는 건 다치거나 죽는다는 뜻이니까요.

이 속에서 사람들은 자연과 차단된 채 일하고 사랑하며 살아갑니다. 사람들은 걸을 시간도 없고 공간도 없습니다. 자전거를 타려 해도 도로는 자동차에게만 허락되어 있습니다. 기를 쓰고 도로와 자동차를 소비하며 달려간 직장에서 사람들은 노동자가 되어 기업의 이익 창출에 복무합니다. 우리에게 허용된 신체활동은 사무실에 앉아서 일하기, 공장에서 같은 동작으로 계속 노동하기, 그게 아니면, 매연 섞인 도시에서 자전거 타기, 공장 기계 사이에서 걷기, 매장에서 종종걸음으로 왔다갔다 하기입니다.

대한민국에 부는 걷기와 자전거 타기 열풍은 모두 일상생활 '밖'의 일입니다. 일하는 시간이 아닌 여가 시간에, 평소 생활하는 공간을 벗어나서 이뤄지는 활동은 체제를 건드리지 않습니다. '힐링'을 위한 걷기는 체제에 적응하는 걷기이고, 스트레스 해소를 위해 타는 자전거는 잠시 현실을 잊기 위한 도구입니다. 그러나 이제는 일상 속으로 걷기와 자전거 타기를 들여와 안착시켜야 합니다. 걷기와 자전거 타기가 일상을 비집고 들어온다는 것은 체제를 건드린다는 의미입니다. 걷고 자전거를 타겠다는 것은 이런 식으로는 더이상 살지 못하겠다는 선언입니다. 자본의 속도에 인간을 맞추지 않겠다는 의미이고, 도시와 삶의 구조를 바꾸겠다는 뜻입니다. 수준 높은 저항입니다.

보행은 보행권으로서 정확히 인식되어야 합니다. 걸을 수 없다면 도시가 아닙니다. 보행권을 인권의 핵심으로 끌어올려 봅시다. 장애인 이동권이 엄청난 투쟁을 통해야만 쟁취할 수 있는 권리인 것처럼 말이죠. 그렇게 해서 대중교통을 바꿔가고 있는 것처럼 이제는 모든 사람이 새로운 개념의 이동권을 주창함으로서 도시 자체를 바꿀 필요가 있습니다. 자동차가 많이 다니는 도시는 공동체 간 교류가 약화됩니다. 문을 열고 나서면 차가 지나가는데, 누구를 만나 어디서 얼굴을 보고 대화를 할 수 있을까요. 따라서 자동차를 줄이고 도로를 걷어내 새로운 공간을 창출해야 합니다.

도시는 늘 그 모습 그대로 존재하는 곳이 아닙니다. 낡아서 손 봐야 하는 구역이 생기고, 새로 조성되는 시가지와 마을이 항상 있기 마련입니다. 교통계획은 도시를 계획할 때, 토지 사용 계획을 고민할 때 핵심 고려 요소 중 하나입니다. 녹색기본소득이 실시되는 곳에서는 보행과 자전거가 교통의 중심이 되어 도시계획에 심대한 영향을 끼칠 것입니다. 여러 측면에서 녹색기본소득은 체제에 도전합니다.

보행 우선 도시

'걷는 사람의 시선'으로 도시를 통째로 바꿀 수 있습니다. 스페인의 폰테베드라는 자동차 없는 도시로 유명합니다. 한국 언론에 소개된 적이 있습니다. 이 도시에는 버스나 지하철 같은 대중교통이 아예 없습니다. 사람들은 오직 걷습니다. 인구가 6만 5000명이나 되니 작지 않은 도시입니다. 폰테베드라 시장은 도시 바깥쪽에 커다란 무료 주차장을 만들고, 도시 안에서는 아예 차량 통행을 금지시켰는데, 20년 가까이 지난 지금 실험은 대성공이라고 평가받습니다.[2] 시민의 생활습관이 바뀌었고, 골목상권도 부활했습니다. 공해는 없어졌고, 아이들은 마음껏 뛰어놀 수 있게 되었습니다. 이런 도시가 바로 녹색기본소득이 꿈꾸는 도시입니다.

한국에서는 수원시가 2013년 수원시 한가운데 자리한 행궁동에서 '차 없는 거리' 실험을 했습니다. '세계 생태 교통 축제'라는 이름으로 진행된 이 실험을 위해 수원시는 도로를 걷기 좋게 정비하고, 보도를 넓히고, 공원을 만들었습니다.[3] 축제는 무려 한 달 동안 진행되었습니다. '차 없는 거리' 축제는 이제 하나의 트렌드가 되었습니다. 세계 곳곳에서 차 없는 거리 행사를 진행합니다. 원조는 콜롬비아 보고타가 1982년부터 시작한 '시클로비아Ciclovia'[4]입니다. 일요일마다 보고타의 주요 간선도로에서 자동차 통행을 금지하는 행사에 주말마다 100만 명이 넘는 시민이 참여합니다. 이 행사에서 시민은 걷거나 때론 뜁니다. 산책하는 어른과 뛰노는 아이들이 한데 어울립니다.

이런 사례가 일시적인 실험인데다 대도시가 아닌 곳에서나 가능한 일이라고 볼 수도 있습니다. 서울처럼 인구 1000만의 도시를 통째로 '오직 걸어 다니는 도시'로 만들 수는 없습니다. 하지만 방안이 없는 것은 아닙니다. 우선 보행자를 위해 공공의 공간을 보행자 친화적으로 바꿀 수 있습니다. 생각해보면 우리가 걷는 도시 공간은 대체로 공공의 소유입니다. 개인 소유의 땅에는 보통 담이 쳐져 있습니다. 공공의 공간을 걷기 좋은 공원과 광장으로, 보행자 거리로 만들어야 합니다. 녹색기본소득은 정부가 이러한 노력을 확대할 수밖에 없도록 만들 것입니다. 공공의 공간을 변화시킬 권리는 시민에게 있기 때문입니다. 무엇보다 보행자의 안전이 중요합니다. 한국에서 보행자 사망사고는 대개 자동차와 충돌 때문에 벌어집니다. 자동차 위주의 도시에서는 불가피한 일입니다.

보행 우선 도시를 만들기 위해서는 자동차 운행을 줄여야 합니다. 자동차가 다니는 길을 인간이 걷는 길로 되찾아와야 합니다. 서울 같은 대도시에서 모든 도로에 자동차 진입을 금지할 순 없지만, 도심 곳곳을 보행자 전용 구역으로 만들 수는 있습니다. 또 도로를 좁히고 보행로를 넓힐 수도 있습니다.

"아니, 안 그래도 막혀 죽겠는데 도로를 좁히면 아예 옴짝달싹 못할 것 아닙니까!"

이렇게 외치는 반대 목소리가 벌써부터 들립니다. 콜롬비아 보고타에서도, 프랑스 파리에서도 처음에는 그랬습니다. 바로 이런 생각 때문에 그동안 도로를 계속 넓혔습니다. 새로 뚫린 길로 사람들은 너도나도 차를 몰고 나옵니다. 도로는 다시 막힙니다. 차가 늘어나서 도로를 넓히는 게 아니라 도로를 넓혀서 차가 늘어난 것입니다.

독일 프라이부르크에 '보방'이라는 지역이 있습니다. '지속 가능한 지역 사회'라는 측면에서 성공적 모델로 평가받는 곳입니다. 이곳 거리는 '자동차를 걸러내는 장치'로 불릴 만합니다. 자동차 운전자가 되어 차를 몰고 나가면 길이 여기저기서 뚝뚝 끊겨 있습니다. 인적 드문 시골에도 번듯하게 아스팔트 길이 나 있는 사통팔달 한국과는 다른 모습입니다. 대신 걷는 사람 입장에서는 모든 길에 막힘이 없습니다.[5] 이처럼 정반대 발상이 필요합니다. 도심 곳곳의 보행자 전용도로와 과거보다 좁아진 차로는 사람들의 생각을 바꿉니다.

"요즘은 차 몰고 나가면 더 불편해. 차는 그냥 집에 놔두고 가자."

이렇게 말이죠. 애초에 자동차로 도시 중심가를 지나기 어렵게 만들면 자동차 수요는 점차 줄어듭니다. 길을 없애면 다른 길로 우회하는 게 아니라 차를 집에 놓고 나온다는 겁니다.[6] 도로 공간이 어떤 모습이냐가 사람들이 어떤 교통수단을 이용할지 결정합니다. 녹색기본소득은 걷기와 자전거 타기의 선택 비율을 획기적으로 높일 것입니다. 도로는 보행자 우선 도로 중심으로 재배치될 것입니다. 도로가 바뀌면 사람들은 더욱 걷게 될 것입니다.

자전거 중심 도시

녹색기본소득으로 획기적으로 늘어날 자전거 이용자를 위해 '자전거 도시'를 만드는 것도 중요합니다. 하천을 따라 이어지는 도시 주변의 자전거 도로보다는 도심 속 자전거 도로가 중요합니다. 하천이 도시 중심을 따라 흐른다면 좋겠지만 모든 도시가 그런 건 아니죠.

자전거 도로는 무엇보다 스트레스 없이 이용할 수 있어야 합니다. 두 가지 방안이 있습니다. 압도적 다수의 자전거 이용자가 차로를 장악하는 방법이 하나고, 차로와 섞이지 않는 자전거 전용도로를 만들거나 도로를 자전거 위주로 혁신하는 게 다른 하나입니다. 사실 둘 다 필요합니다. 우선, 녹색기본소득의 도입은 기존 도로체계 아래에서도 자전거 이용자들의 대규모 등장을 이끌 것입니다.

"저 사람은 위험하게 왜 자동차 사이에 끼어서 달리는 거지?"

버스를 타고 가다가 서울시내 한가운데에서 자전거를 빠른 속도로 몰고 가는 사람을 본 적이 몇 차례 있습니다. 상당히 위태로워 보였습니다. '저러다 사고 나면 큰일인데' 하는 생각이 들었죠. 반면 이런 적도 있습니다. 자전거 동호회 행사였던 것 같은데요, 200~300대쯤 되는 자전거가 한꺼번에 도로를 달리는 모습을 봤습니다. 위태로워 보이기는커녕 그저 여유가 넘쳤습니다. 자동차가 절대적으로 많은 도로에서 자전거는 이 사이에 끼인 음식 찌꺼기 같은 존재입니다. 운전자는 짜증을 내면서 빨리 치워버리고 싶어 합니다. 그러나 자전거가 압도적으로 많은 도로에서는 이런 일이 없어집니다. 자전거 이용자가 대폭 늘어나면 자동차 운전자들은 과거와 비할 수 없이 조심해서 운전하게 됩니다. 속도를 줄입니다. 백미러로 뒤를 볼 때도 혹시 사각지대에 자전거가 있지는 않은지 살피게 됩니다. 지금 자전거가 자동차를 상대로 하는 일을 자동차가 자전거를 상대로 하게 됩니다.

이렇게 되면 자전거 이용자의 안전문제도 훨씬 나아집니다. 자전거 인구가 많아지면 사고는 상대적으로 줄어드는 경향이 생깁니다. 늘어난 자전거 인구 자체가 안전 확보에 기여하는 것입니다. 자전거 사고의 상당 부분은 자동차와 추돌 때문에 발생하는데, 자전거 이용자가 많아지면 자동차 운전자의 주의 정도가 확실히 높아져 사고는 감소할 것입니다.[7]

자전거 이용자가 대폭 증가하면 자전거 주차시설, 샤워시설, 공공자전거의 확대도 함께 진행될 것입니다. 세계 곳곳에서 그리고 한국에서도 이런 시설을 늘리기 위한 많은 노력이 있습니다. 이런 기반시설이 자전거 이용자를 '느린 속도'로 증가시키는 중입니다. 그야말로 더딘 변화입니다. 자동차 우위의 도로체계를 근본적으로 흔드는 곳은 손에 꼽습니다.

녹색기본소득이라면 자전거 이용자 숫자를 빠른 속도로 증가시키고, 자동차 중심의 도로체계를 제대로 손보는 움직임을 만들 수 있습니다. 자전거 기반시설은 차원이 다르게 확대될 것입니다. 도로를 자전거 위주로 아예 바꿔버리면 더 좋습니다. 자전거 전용도로 가운데 획기적인 시스템으로는 '자전거 간선도로'가 있습니다. 대도시에는 대부분 자동차 전용 간선도로가 있습니다. 서울에도 부산에도 광주에도 이런 도로들이 있습니다. 반면 복지국가의 대명사인 덴마크의 수도 코펜하겐이나, 한때 tvN 〈신서유기〉라는 프로그램에 나왔던 중국의 샤먼 같은 곳은 자전거 간선도로가 설치된 곳으로 유명합니다. 설명만 들어서는 자전거 간선도로가 어떤 모습인지 잘 떠오르지 않습니다.

서울의 내부순환도로를 떠올리면 됩니다. 연이어 이어지는 고가도로가 도시 한가운데를 뚫고 지나가죠. 특히 샤먼의 자전거 간선도로가 그런 식으로 생겼습니다. 자동차가 아니라 자전거 전용이라는 점만 다릅니다. 도시의 주요 지점들을 연결하는 자전거 간선도로는 자전거 이용율을 획기적으로 높입니다. 한국에도 자전거 간선도로가 없는 건 아닙니다. 4대강을 따라 달리는 자전거 도로들은 대부분 지역과 지역을 잇는 간선도로가 틀림없습니다. 다만, 이런 도로들이 도시 중심부를 지나는 경우는 드뭅니다.

굳이 간선도로가 아니더라도 자전거 도로망은 촘촘하게 재구축되어야 합니다. 네덜란드에서는 도로 모양을 아예 바꿔 자동차가 아니라 자전거가 기존 도로를 더 쉽고 편하게 다닐 수 있도록 노력해왔습니다. 도로의 폭을 좁히고, 횡단보도 부분은 다른 도로보다 약간 높이고, 직선이 아니라 지그재그로 이어지는 코스들을 만듭니다. 자동차는 이런 도로가 불편하지만 자전거는 편합니다. 심지어 자동차 일방통행로를 만들어 놓은 뒤 자전거만 양방향으로 다닐 수 있게도 합니다.[8]

이쯤 되면 자동차에게 일부러 골탕을 먹이려는 건가 싶습니다. 맞습니다. 자동차 이용이 큰 노력을 들여야 할 수 있는 일, 적지 않게 스트레스 받는 일이라는 인식이 형성되도록 하는 게 목적입니다. 지금은 자전거나 걷기에 대해 그런 인식이 있습니다.

"자전거 타고 어느 세월에 거길 가니?"

"편하게 차 가지고 가."

일상에서 흔히 하는 이런 말들이 "차는 가지고 나가봐야 막히기만 할 텐데." "자전거가 훨씬 빠르고 편하잖아" 같은 말로 완전히, 그야말로 완전히 대체되어야 합니다.

이 밖에도 자전거 이용을 늘리기 위해서는 자전거를 위한 횡단보도, 자전거 위주의 교통신호체계, 자전거 중앙차로 같은 것들이 개선되거나 새로 도입되어야 합니다. 모두 도로를 자전거 위주로 혁신하기 위한 조치들입니다. 이런 조치들은 녹색기본소득과 함께 앞서거니 뒤서거니 하며 도로의 주인을 자동차가 아니라 자전거로 바꿔나갈 것입니다. 당연히 자전거 안전문제도 획기적으로 개선되겠고요.

대중교통의 개선

녹색기본소득은 대중교통의 개선으로 이어져야 합니다. 현재 전 세계에는 13억 대가 넘는 자동차가 있습니다. 2016년에 새롭게 판매된 차만 9000만 대를 상회합니다. 이 가운데 2억 7000만 대는 미국에서 운행 중이고, 1억 1000만 대는 중국에 있습니다. 그다음은 일본, 러시아, 독일 순입니다.[9]

지구에 또다른 이름을 붙이자면 '자동차 행성'이 적당할 것입니다. 호랑이는 죽어서 가죽을 남기고 사람은 죽어서 중고차를 남깁니다. 한국은 2015년 기준으로 자동차 등록대수가 2000만 대를 넘었습니다. 이 가운데 자가용 승용차가 1600만 대 가까이 됩니다. 자가용 승용차는 다른 자동차보다 늘어나는 속도가 빠릅니다.[10] 또 도로보다 자동차 늘어나는 속도가 더 가파릅니다. 한국의 도로는 1994년부터 2014년 사이에 54퍼센트 늘어난 반면, 자동차는 140퍼센트 증가했습니다.[11] 큰 옷을 사 봐야 몸집이 더 빨리 불어나니 다시 옷을 사야 합니다. 이런 악순환이 없습니다.

끊임없이 도로를 깔고, 버스를 늘리고, 지하철을 새로 놓는데도 효과가 없는 이유입니다. 교통정체는 심해지고, 미세먼지와 온실가스 배출도 지속적으로 증가합니다. 특히 대도시권은 이제 하루 종일 막힙니다. 출퇴근 시간이나 낮 시간이나 할 것 없이 교통정체가 심하고 평일, 주말 역시 마찬가지입니다. 정부는 그동안 대중교통 수요를 늘리기 위해 애써왔습니다만 효과는 부정적입니다. 대중교통의 수송 분담률은 오히려 낮아졌습니다. 대중교통을 이용하는 사람들이 꾸준히 늘긴 했지만, 그보다 자가용 승용차가 훨씬 더 늘었기 때문입니다.

녹색기본소득은 자가용 승용차의 증가를 적정 수준에서 막을 수 있습니다. 아무리 도로를 늘려도 늘어나는 자가용 승용차 숫자를 따라가지 못한다고 말씀드렸는데, 이런 문제가 해결의 실마리를 찾을 것입니다.

아울러, 대중교통 확충 없이 자가용 승용차 이용자에게 대중교통을 이용하라고 권하는 데도 한계가 있다는 점을 고려해야 합니다. 무상 지하철을 도입한들 출근시간에 '지옥철'이 되는 지하철을 이용할 자가용 승용차 이용자는 드물기 때문입니다. 녹색기본소득은 자가용 승용차에서 걷기, 자전거 타기, 대중교통으로, 그리고 대중교통에서 걷기와 자전거 타기로 이용자 상당수를 이동시킬 것이기에 대중교통의 엄청난 확충 없이도 자가용 승용차 이용자를 줄일 잠재력이 큽니다.

대중교통은 그동안 자가용 승용차와 경쟁했습니다. 자가용 승용차 이용보다 편리한 대중교통을 만드는 게 관건이었습니다. 그러나 녹색기본소득과 함께라면 자가용 승용차와 경쟁하는 것을 넘어, 걷기나 자전거 타기와 '협력'하는 것이 더 중요해집니다. 특히 자전거를 타는 사람이 대중교통을 이용하기 편리하도록 연계체계를 갖추는 게 중요합니다. 지금도 자전거를 세워놓고 지하철을 이용할 수 있는 환승센터가 곳곳에 있긴 합니다만 이런 시설이 더욱 늘어나야 합니다. 한국의 자전거-대중교통 연계비율은 유럽이나 일본과는 비교가 불가능할 만큼 낮습니다. 자전거를 가지고 탈 수 있는 대중교통이 그야말로 적극 확대되어야 합니다. 철도역이든 버스디미널이든 자전거 도로가 연결되어야 하고, 가능하면 버스나 택시가 다니는 이동 경로와 부딪히지 않도록 별도의 자전거 및 보행도로가 설치되어야 합니다. 자전거 주차장도 늘어나야겠죠. 한국은 이런 아이디어가 이미 계획되어 있습니다.[12] 녹색기본소득이 도입되면 이런 정책이 극적으로 탄력을 받을 것입니다.

대중교통체계 개선을 위한 다른 아이디어도 많습니다. 버스전용차로제가 있는 도시는 전용차로제 혁신이 필요합니다. 서울을 보겠습니다. 버스 속도는 버스 전용차로가 설치되지 않은 구간을 지날 때 감소합니다. 지하차도를 지날 때나 다리 위를 건널 때, 그리고 전용차로가 설치되어 있지 않은 작은 도로를 운행할 때 그렇습니다. 이런 곳에 전용차로가 설치되지 않은 것은 도로가 좁고 다른 차가 많아 여건이 안 되기 때문입니다. 녹색기본소득으로 차량이 줄어들면 이런 곳에도 얼마든지 전용차로를 설치하는 게 가능해집니다. 아니 차량이 줄기 전이라도 버스 전용차로를 설치해 자가용 승용차의 통행을 불편하게 해야 도심 교통 사정이 개선될 것입니다.

2차선 도로라도 버스 전용차선 설치가 얼마든지 가능합니다. 미국에는 '유진'이라는 도시가 있습니다. 이 도시에서는 버스 전용차선이 편도 2차선 도로에도 들어갑니다. 자가용 승용차가 한 차로를, 버스가 다른 한 차로를 이용합니다. 심지어 버스 전용차로 바닥에는 버스의 두 바퀴가 지나는 경로를 뺀

나머지 공간에 잔디가 심어져 있습니다.

저상버스를 늘리고, 버스의 사전 요금제를 도입하면 버스를 타고 내리는 시간이 대폭 단축됩니다. '사전 요금제'란 버스에 타서 교통카드를 찍는 것이 아니라 지하철처럼 버스를 타기 전에 교통카드를 찍는 시스템입니다. 브라질의 쿠리치바는 서울의 중앙버스전용차로제의 조상쯤 되는데요, 이곳이 사전 요금제를 실시합니다. 정류소 앞에 지하철 같은 개찰구를 두어서 카드를 찍고 들어간 뒤 버스를 타는 것이죠. 상상력을 조금 발휘해 '걷기, 자전거 타기, 대중교통 이용하기'를 한 번에 관리하는 통합시스템을 만들어 대중교통 이용 전에 일정 수준 이상 걷거나 자전거를 이용한 사람에게 환승할인을 해주면 어떨까 싶습니다. 서울의 공공자전거 시스템인 '따릉이'에서 일부 시행하고 있는 제도입니다. 녹색기본소득이 대중교통 체계 변화에 가져올 영향력은 가히 폭발적일 것입니다.

자동차 없는 도시

녹색기본소득이 본격화되면 '자동차 없는 도시' 실험도 전성기를 맞을 것입니다. 자동차 없는 도시까지는 아니어도 유사한 실험이 한국에도 존재합니다. 서울시가 도심에 설치한 녹색교통진흥지역이 대표적입니다. '자가용 승용차 없는 지역'도 있습니다. 대중교통전용지구가 그것입니다. 대구 중앙로, 부산 동천로, 서울 연세로 같은 곳이 현재 대중교통전용지구로 지정되어 있습니다. 버스 같은 대중교통만 다닐 수 있는 곳인데요, 실제로 대구 중앙로가 개통되고 나서 버스 이용객도, 걷는 사람도, 그리고 주변 점포 숫자도 늘어났습니다.[13]

해외에는 앞서 예로 들었던 파리나 뉴욕 말고도 자동차 없는 도시를 위해 노력한 사례가 매우 많습니다. 우선, 도심의 차량 진입을 아예 금지한 곳들이 꽤 됩니다. 노르웨이의 수도 오슬로에서 자가용 승용차는 도심 운행을 할 수 없습니다. 맥주의 도시 독일 뮌헨, 축구의 도시 영국 리버풀도 그렇습니다. 매우 인상적인 곳은 콜롬비아의 수도 보고타입니다. 매주 일요일마다 시클로비아라는 이름의 차 없는 도시 행사를 한다는 설명은 이미 했는데요, 이 도시에서 진행한 자동차 관련 조치가 또 있습니다. 자동차 소유자들이 평일 5일 가운데 2일 동안 출퇴근 시간대에 차를 가지고 나오지 못하게 한 것입니다. 보고타 전체 자동차의 40퍼센트가 운행에 제한을 받는다고 합니다. 그 결과 자동차 통행속도는 빨라지고, 대기오염이 줄어드는 등 매우 긍정적인 효과가 나타났습니다.[14]

사실 이런 조치를 할 수만 있다면 그 효과는 확실합니다. 문제는 각종 반대를 무릅쓰고 추진할 정치인 혹은 정치세력이 있는가 하는 것이지요. 녹색기본소득은 그런 정치인을 등장시킬 유력한 방안입니다. 녹색기본소득이 도입된 곳에서 정치인들은 유권자들에게 표를 얻기 위해서라도 자동차 운행 제한조치에 적극 나설 것입니다.

또다른 고민 한 가지가 있습니다. 녹색기본소득으로 자가용 승용차 이용자의 절대 다수를 줄이는 것과 더불어 아예 자동차 '소유'를 포기하도록 만드는 것입니다. 자동차를 지구상에서 완전히 없애버리자는 건 아닙니다. 녹색기본소득 도입에도 불구하고 대중교통이 아니라 자가용 승용차 이용이 필요한 사람이 있을 수 있습니다. 이런 경우 자동차를 소유할 수밖에 없는데요, 공유자동차로 '소유'하지 않아도 대중교통 이외의 차량을 이용할 수 있게 해보자는 것입니다. 이와 관련해 최근 주목할 만한 연구가 있습니다.[15] 2016년 경제협력개발기구 OECD 산하 국제교통포럼ITF에서 〈공유이동: 살기 좋은 도시를 위한 혁신〉이라는 보고서를 냈습니다. 포르투갈의 수도는 리스본이죠. 블루마블 게임에 나오는 바로 그 리스본이요. 국제교통포럼이 낸 보고서는 리스본에서 도시에 있는 자가용과 버스 전체를 다 없애고 공유차량을 도입했을 때 어떤 일이 벌어질지를 시뮬레이션한 결과를 담고 있습니다. 지하철은 그대로 두었고요.

6명이 타는 '공유택시'와 8~16인승 '택시버스'를 공유차량으로 운행하고, 이 공유차량이 마치 택시를 탄 것처럼 환승 없이 목적지로 사람을 실어다주는 것으로 가정했습니다. 물론 이게 가능한 것은 여러분도 이미 충분히 경험하고 있는 IT 기술의 발달 덕이죠. 교통시스템과 디지털 기술을 접목해 누구나 모바일로 쉽고 빠르게 이동할 수 있는 경로와 차량을 제공받을 수 있게 했습니다.

실험 결과는 놀라웠습니다. 리스본 사람들이 지금과 똑같이 이동한다고 가정했는데, 차량이 지금의 3퍼센트면 충분하다는 결과가 나왔거든요. 당연히 교통정체는 없어지고, 더불어 도시의 공영주차 공간도 95퍼센트가 필요 없게 되었습니다. 장점은 이뿐이 아닙니다. 공유차량을 이용하면 시민은 환승 없이 이동할 수 있기 때문에 비용과 시간을 아낄 수 있습니다. 출퇴근 시간을 줄일 수 있다는 것이지요. 특히 도시 외곽에 사는 사람들의 긴 출근 시간도 감소하는 것으로 나타났습니다. 5분만 더 잤으면 하는 소원이 이뤄지는 순간입니다.

대중교통 사각지대에 있던 사람들의 이동이 더 편리해진다는 결과도 있었습니다. 공유차량은 택시와 비견할 만한 것이니 당연히 그렇겠죠. 그 결과 병원이나 학교에 가는 시간도 대폭 줄어드는 것으로 나타났습니다. 멋진 말로 해서 의료시설이나 교육시설 접근성이 높아진다는 것인데요, 이쯤 되면 공유차량 도입이 새로운 '복지'라고도 할 만합니다. 핀란드 헬싱키는 2025년까지 어떤 시민도 자동차를 소유하지 않아도 되는 도시를 만들겠다고 이미 밝혔습니다. 이렇게 공유차량을 이용한 정책은 다만 기존 택시 노동자들의 일자리를 뺏을 수 있다는 단점이 있습니다. 한국에서는 '카풀' 도입을 둘러싸고 택시 노동자가 분신하는 일까지 있었죠. 이 점에 대해서는 깊은 고민이 필요합니다. 공유차량으로 이익은 대기업이 보고, 기존 택시 노동자는 일자리를 잃고, 공유차량 운전사는 저임금에 시달린다면 차라리 도입하지 않는 게 나을 테니까요.

공공적 공유차량을 도입하고, 차량의 운전 자격을 우선적으로 기존 택시기사에게 주면서 월급제를 도입하는 방안에 대한 연구가 마땅히 있어야 할 것입니다. 리스본 실험에서 공유택시와 버스는 기존 택시와 버스 숫자보다 늘어나는 것으로 드러났습니다. 그렇다면 일자리 문제는 정책당국이 마음먹기에 달린 문제일 수 있습니다. 이 분야에서도 '정의로운 전환'이 필요합니다.

숲속 도시

녹색기본소득 도입으로 '걷기와 자전거 타기 좋은 도시'의 요구가 높아지면, 시민은 도시를 '숲속 도시'로 바꾸자고 강력히 요구할 것입니다. 도시 속의 숲 말고 숲속 도시 말입니다.

얼마 전에 지하철을 타고 가다가 아파트 홍보 광고에 '숲세권'이라는 말이 적힌 걸 봤습니다. 상가나 아파트는 지하철역이 가까운 '역세권'에 있으면 가치가 높습니다. 거기에 이제는 숲세권이라는 말도 등장한 것입니다. 삶의 질을 결정하는 중요 요소 가운데 하나가 '녹지'라는 것을 숲세권이라는 단어가 상징적으로 표현해주고 있었습니다.

앞으로는 정말 도시를 모두 숲세권으로 바꾸는 데 많은 노력을 해야 할 것입니다. 생각해보면 인간은 자본주의가 시작되면서 점차 녹지로부터 분리되는 삶을 살았습니다. 도시가 생기고, 그 도시에 사람이 몰려들면서 우리는 점차 숲에서 멀어졌습니다. 숲세권이라는 말이 그런 사실을 역설적으로 보여줍니다. 도시 모든 곳에 지하철역이 있으면 역세권이라는 말이 특별한 의미가 되지 않았을 것처럼, 모든 곳에 숲이 있었다면 숲세권이라는 말도 등장하지 않았겠죠.

사실 한국의 도시에서 숲을 아예 볼 수 없는 건 아닙니다.

주변을 한번 둘러보십시오. 여러분에게 '숲'이 보이나요? 국토의 70퍼센트가 산이어서 대도시조차 숲을 끼고 있는 한국은 아파트에 사는 사람도 창문만 열면 멀리 숲이 보이는 경우가 꽤 있습니다. 그렇다면 다시 질문할 수 있습니다. 만약 숲이 보인다면 그 숲을 오늘 지날 계획이 있으신가요?

김연아 선수의 경기를 매일 시청한다고 해서 피겨스케이팅을 잘할 수 있는 건 아닙니다. 일상에 시간이 있고 가까운 곳에 시설이 있어야 썰매라도 탈 수 있습니다. 그림 속 진수성찬보다는 내 눈앞 라면 한 그릇이 배를 채워주는 법이죠. 중요한 것은 멀리 보이는 거창한 숲이 아니라 가까이 지날 수 있는 작은 숲입니다. 바쁘게 살아가는 사람들이 매일 등산할 수는 없는 노릇이니 우리가 다니는 거리 곳곳에 숲이 있어야 합니다. 걸어서 10분 거리면 다다를 수 있는 '생활권 도시숲'은 한 뼘밖에 안 되는 작은 공원이더라도 시민에게 활력을 줍니다.

세계보건기구는 생활권에 있는 도시 숲이 한 사람당 9제곱미터는 돼야 한다고 권고합니다. 감이 안 올 텐데요, 서울은 일인당 생활권 도시 숲 면적이 5제곱미터가 조금 넘습니다. 그러니까 서울이 세계보건기구가 권고하는 정도의 도시 숲을 가지려면 지금보다 숲이 두 배쯤 많아야 합니다. 참고로 뉴욕은 23제곱미터, 런던은 27제곱미터입니다.[16]

녹색기본소득이 도입되면 생각해볼 수 있는 아이디어가 좀 있습니다. 먼저 자가용 승용차를 덜 가지고 나올 것이니 도심 공공주차장이 많이 줄어들 것입니다. 도심에 주차장이 많은 도시는 좋은 도시가 아닙니다. 주차장이 이곳저곳에 있으면 자동차 운전자는 편하겠지만, 그런 도시는 자동차를 이용하라고 부추기는 도시입니다. 불편한 도시가 결국은 도시를 살리고 인간을 살립니다. 녹색기본소득은 도시 주차장을 줄이게 될 겁니다. 공공주차장만이 아니라 빌딩에 붙은 지상 주차장도 줄일 수 있습니다. 많은 나라에서 일정 규모의 빌딩에는 주차장을 의무적으로 두도록 법이나 조례를 둡니다. 지금까지는 마땅히 그래야 하는 것으로 생각했습니다. 그러나 녹색기본소득은 전혀 다르게 생각할 여지를 열어줍니다. 건물에 의무적으로 두는 주차장을 없애도 되는 상황을 만들 테니까요. 자동차 한 대 주차할 곳이라면 자전거는 10대쯤 세워놓을 수 있습니다. 기존 주차장은 자전거 주차장으로 대체하고, 남은 공간에 나무를 심읍시다. 상상만으로도 행복합니다.

또다른 상상도 해볼까요. 나무를 중앙차로 공간에 심는 것은 어떤가요. 실제 중앙차로 공간에 나무를 심은 도시가 꽤 있습니다. 정확히 말하면 중앙차로가 나무와 함께 자전거도로, 보행로로 이어지는 공원으로 조성되는 것입니다. 한국에서부터 지구 반대편 도시에 이르기까지 도로 중앙 조경시설은 엄청 많습니다. 서울 구로의 거리 공원이 그렇습니다. 제주도 중문단지 입구에는 중앙차로 공원까지는 아니어도 도로 중앙선에 나무들이 심겨 있습니다. 지구 반대편 칠레 최남단에는 푼타아레나스라는 도시가 있습니다. 예전에 텔레비전 프로그램에서 박명수 씨가 이 도시의 한국인 가게에 가서 라면을 먹은 뒤 칠레 여행자들이 푼타아레나스에 가면 꼭 이 가게에 들른다는 이야기가 있습니다. 이 도시에서 가장 인상적이었던 것이 도로 가운데 작지 않은 크기로 조성된 공원이었습니다.

도로 중앙이 아니더라도 자전거 도로망에 대대적으로 나무를 심는 것은 얼마든지 가능합니다. 칠레의 수도 산티아고가 이렇게 되어 있습니다. 피노체트에 의해 짓밟혔으나 두고두고 우리에게 영감을 주는 혁명가 아옌데를 생각나게 하는 곳 산티아고, 이곳에서 가장 높은 빌딩으로 가는 자동차도로 옆에는 '나무가 심긴 자전거 도로'가 오랫동안 이어져 있습니다. 한국에서는 창원이 멋진 나무들과 자전거 도로가 함께 어우러진 대표적인 도시입니다. 녹색기본소득과 함께 이런 노력들이 실천으로 이어진다면, 빌딩 숲 말고 진짜 도시 숲이 끊임없이 이어지는 녹지네트워크 형성이 가능해질 것입니다. 그 정도가 되면 '도시 속의 숲'을 넘어 '숲속 도시'가 출현하겠죠.

한국 도시들을 비롯해 전 세계의 많은 도시가 이른바 '생태환경도시'를 표방합니다. 생태환경도시의 꿈을 녹색기본소득으로 앞당겨보면 어떨까요?

공동체의 활성화

녹색기본소득은 공동체를 활성화합니다. 자동차가 중심인 도시는 손톱깎이 하나를 사려 해도 자동차를 몰고 나가야 합니다. 생필품을 파는 마트는 멀찍이 떨어져 있고 규모가 상당히 큽니다. 관공서도, 극장도, 은행도 차로 가지 않으면 닿을 수 없는 위치에 있습니다. 이동하는 사람은 대부분 차에 타고 있으니 지역 사이의 교류가 적습니다.

"이야, 여기 진짜 사람 많네. 전시한 것 좀 봐. 기가 막히다."

수도권에 있는 대규모 가구매장에 간 적이 있습니다. 주차장 입구부터 자동차가 빼곡했습니다. 사람들은 서울에서, 인천에서, 경기도에서 가구를 사기 위해 이 매장에 들른다고 합니다. 침대며 책상, 스탠드 같은 것을 사려고 한두 시간쯤 머무는 사람이 가구를 고르기 위해 스쳐 지나가는 행위를 '교류'라고 할 수는 없습니다. 덕분에 근처 도시에 오래도록 명맥을 유지했던 가구거리는 몰락 직전이라는 얘기가 들립니다.

반면 걷기와 자전거 타기를 중심으로 만들어지는 도시는 생활에 필요한 시설이 가까운 거리에 모여 있습니다. 그래야 차를 타고 멀리까지 가지 않더라도 이용이 가능하니까요. 녹색기본소득 시대에 재개발되는 도시, 새롭게 만들어지는 마을은 어디 할 것 없이 이와 같은 방식으로 조성될 것입니다. 이런 도시 공간에서 사람들은 많은 교류를 할 수 있습니다. 그런 교류 속에서 여러 공동체도 활성화됩니다. 새롭게 만들어지는 도시가 아니라 기존 지역에서도 녹색기본소득으로 충분히 공동체가 활성화될 수 있습니다.

차가 많이 다니는 길 주변에 사는 주민들은 교류가 적습니다. 그도 그럴 것이 문을 열면 바로 대로가 나오는 곳에 사는 사람들은 이웃과 편히 앉아 얘기할 공간도 마음의 여유도 없습니다. 차가 적게 다니는 마을에서는 이웃들과 교류가 조금씩 생겨납니다. 차가 아예 없는 곳은요? 빠른 속도로 다니는 자동차나 골목을 위험천만하게 오가는 차량을 신경 쓰지 않아도 되기 때문에 이런 골목에서 사람들은 여유를 갖습니다. 주민 사이의 교류도 활성화되고요.[17] 여러분도 이런 경험을 해봤을 겁니다. 자동차가 다니지 않는 공간은 확실히 안전

하다는 느낌이 듭니다. 마음이 아주 편안하죠. 어디서 차가 나올지 몰라 두리번거리지 않아도 되는 그 느낌은 생각보다 대단합니다. 자동차 없는 아파트 단지가 괜히 인기 있는 게 아닙니다. 이런 곳에서는 지역사회가 활성화될 가능성도 커집니다. 모든 사람이 얼굴을 알아볼 수 있을 정도의 속도로 지나가므로 인사를 건넬 수 있습니다. 무엇보다 걷는 사람들로 이뤄진 마을은 대면 접촉이 늘면서 '안전성'이 더욱 강화됩니다. CCTV보다 사람들을 훨씬 안전하게 만드는 건 '아는 사람들'이거든요. 이런 조건에서 마을공동체 운동 같은 게 자연스럽게 이어지는 겁니다.

지난 몇 년 사이 대한민국 곳곳에서 마을공동체 운동이 활발하게 전개되었습니다. 아파트공동체 운동, 마을 청소모임, 청소년 카페, 공동체 라디오 같은 다양한 사업이 진행됐습니다. 마을공동체 운동은 수많은 주민 모임을 탄생시키고, 기존 관변단체 위주의 지역 모임 참여자가 아닌 주민이 지역공동체에 참여할 수 있도록 길을 열어주었습니다. 하지만 마을공동체 운동에는 한계가 있습니다. 특히 대도시가 그렇습니다. 아파트공동체 운동은 전월세 사는 사람들이 끼어들기 힘듭니다. 참여했다가도 전월세 상승으로 이사를 가곤 합니다. 출근하기 바쁜 직장인은 마을 청소모임에 참여하기 버겁습니다. 애초에 출퇴근할 때 스쳐 지나는 곳일 뿐 생활 대부분은 직장에서 이뤄지니 동네에는 애정이 별로 없습니다. 청소년 카페가 있지만 한참 공부해야 하는 시기의 학생들은 참여하지 못합니다. 책상에 앉아 공부만 하라고 강요하는 사회에서 '돌아다니는 학생'에게는 곱지 않은 시선이 꽂힙니다. 이렇게 마을공동체 운동은 주택 문제, 노동시간 문제, 교육 문제 앞에서 멈춥니다. 이런 문제를 마을공동체 운동으로 해결할 수는 없습니다.

녹색기본소득은 마을공동체 운동을 새로운 단계로 이끌 것입니다. 녹색기본소득으로 불평등을 완화하고 노동시간을 단축할 수 있다면, 청소년이 좀더 자유로워진다면 그제야 비로소 모두를 위한 지역공동체가 만들어질 것입니다. 물론 녹색기본소득이 만병통치약은 아닙니다. 주택 문제는 다주택 소유가 불가능하도록 주택정책 자체가 바뀌어야 해결됩니다. 노동시간 단축은 녹색기본소득 도입과 별도로 법제도 개선과 노동조합의 노력이 병행되어야 하고요. 주입식 교육 탈피 역시 대학제도 개선이 있어야만 가능합니다.

녹색기본소득은 한편으로 골목상권을 활성화할 것입니다. 대형마트 하나가 들어설 때마다 인근 슈퍼마켓이 여러 곳 문을 닫습니다. 대형마트의 위력은 대단합니다. 근처 몇 킬로미터 안의 소비자를 전부 쓸어갑니다. 앞서 예로 들었던 거대한 가구 매장은 한국에 몇 곳 없지만, 대형마트는 지역마다 여러 개씩 있습니다. 골목상가 입장에서는 대규모 침략군입니다. 녹색기본소득은 사람들이 대형마트보다는 동네 가게를 찾게 해줄 것입니다. 만약 성남처럼 참여소득 중 일부를 지역화폐로 제공한다면 사람들은 더욱 자기 동네 가게를 이용할 것입니다.

"초반에는 반발이 많았죠. 자동차 중심 도시였거든요. 담배 가게에도 차를 몰고 갔죠."

"차가 없으니 퇴근길에 채소나 과일을 집 앞에서 구입해요. 매일 신선한 제품을요."

이 상반되는 두 인터뷰는 자동차 없는 스페인의 폰테베드라에서 주민이 기자에게 말한 내용입니다.[18] 실제로 이 도시는 골목 구석구석 상권이 제대로 살아났다고 합니다. 이런 일을 녹색기본소득은 가능하게 할 것입니다.

녹색기본소득은 어쩌면 귀농·귀촌을 활성화할 수도 있습니다. 농촌에서 참여소득은 걷기나 자전거 타기를 조건으로 할 수도 있지만, 유기농 농사를 짓는다거나 농약을 덜 사용하는 것을 조건으로 할 수도 있을 것입니다. 귀농·귀촌하는 사람은 새로운 환경에 적응하는 동안 여러 어려움을 겪습니다. 이 때문에 지방자치단체가 도움을 주기도 하는데요, 녹색기본소득은 그분들을 지원하는 역할도 할 것입니다. 좀 지나친 상상이지만, 이것이 제대로 효과를 발휘해 수도권 인구 집중을 완화할 수 있다면 더 좋겠지요.

미세먼지의
획기적 감축

대기 문제가 심각해진 지 꽤 되었습니다. 겨울부터 봄까지는 특히 미세먼지 때문에 고통이 심합니다. 미세먼지는 각종 질병을 일으킵니다. 지속적으로 조기 사망자를 발생시킵니다. 어린이부터 노인까지 다양한 사람이 미세먼지로 인해 수명을 다하지 못하고 죽습니다.

미세먼지는 한국을 비롯해 여러 나라에서 문제가 되고 있지요. 니제르, 카메룬 같은 아프리카 국가들, 사우디아라비아, 카타르, 쿠웨이트 같은 중동국가들, 방글라데시, 인도 같은 서남아시아 국가들도 미세먼지 문제가 심각합니다. 중국도 그렇고요.[19]

"오늘 미세먼지 농도 장난 아냐."

"이것 봐 문자도 왔어. '수도권 내일 미세먼지 비상저감조치 시행. 마스크 착용 등 건강에 유의하시기 바랍니다.'"

미세먼지 덕에 마스크 공장만 호황입니다. 전문가들 말에 따르면 미세먼지는 오염도가 높은 날만 조심하면 되는 문제가 아니라고 합니다. 전체적으로 미세먼지 발생량을 감소시켜 연평균 농도를 낮추는 게 핵심입니다. 오염도가 높은 날을 줄여나가기 위해서라도 평상시 발생량을 줄여야 하는 것이고요. 미세먼지가 심한 날 실시하는 차량 2부제 같은 단기 대책보다 제대로 된 중장기 대책이 필요한 이유입니다.

미세먼지는 주로 자동차, 발전소, 공장 등에서 많이 나옵니다. 자동차 가운데는 경유차가 1위입니다. 발전소 중에서는 석탄화력발전소가 단연 선두주자고요. 이 때문에 정부는 '미세먼지 관리 종합대책' 같은 걸 만들어서 미세먼지를 짧은 시간 안에 획기적으로 줄이기 위해 노력하고 있지만, 계획대로 추진될지는 알 수 없습니다. 오래된 석탄화력발전소는 폐쇄하기로 했고, 기존 석탄화력발전소에 대해서는 배출 허용기준을 강화하는 노력을 하고 있지만, 한편으로는 새로운 석탄화력발전소 여러 곳을 새로 짓고 있거든요.

경유차의 경우 노후 경유차는 조기에 폐차하도록 하고, 그 외 경유차도 매연 배출 기준을 강화하고 있습니다. 공장에 대해서도 오염물질 배출 총량을 규제하기 위한 각종 노력이 진행되고 있고요. 이런 노력들 역시 미세먼지를 분명히 감축시킬 것입니다. 그러나 그 성과는 좀 지켜볼 필요가 있습니다. 다른 나라의 노력에 비해 한국 정부의 움직임이 미진한 측면이 있기 때문입니다. 유럽 여러 나라는 경유차만이 아니라 화석연료차량 자체를 줄여나가기 위해 훨씬 적극적으로 움직이고 있습니다. 프랑스와 영국은 2040년부터 경유차나 휘발유차 할 것 없이 모두 판매를 금지할 예정입니다.[20] 이런 조치들이 녹색기본소득과 동시에 실시되면 효과가 만점이겠죠. 미세먼지만이 아니라 뒤에 나오겠지만 기후변화까지 고려하면, 화석연료를 사용하는 차는 몽땅 판매를 금지하는 일이 곧 시급한 과제가 될 가능성이 큽니다.

그뿐인가요. 미세먼지 대책으로 전기차를 보급하더라도 미세먼지가 나오지 않는 게 아닙니다. 두 가지 이유입니다. 전기차를 운행하는 데 사용하는 전기를 석탄화력발전소가 생산하면, 전기차가 다니는 곳에는 미세먼지가 배출되지 않겠지만 발전소가 있는 지역에서는 미세먼지가 계속 발생할 것입니다. 그러니까 서울시민이 대규모로 전기차를 사용하면, 미세먼지는 서울이 아니라 석탄화력발전소가 밀집한 충남에서 많이 배출되겠죠. 게다가 전기차 타이어나 브레이크 패드가 마모되면서 미세먼지가 꽤 많이 나옵니다. 녹색기본소득을 통해 자동차 숫자를 줄이지 않는 한 미세먼지 관리에는 근본적으로 한

계가 있을 수밖에 없습니다.

녹색기본소득을 도입한다면 도시를 드나드는 경유차를
포함한 모든 차량의 숫자는 줄어들 수밖에 없습니다. 화석연
료차량의 판매 금지도 수월해질 것입니다. 물론 전기자동차
운행도 감소할 것입니다. 대기오염을 획기적으로 낮추는 데 이
만한 방법이 없습니다.

지구를
바꾸는 힘

기후변화는 대체 왜
생기는 걸까?

지금 인류에게 닥친 가장 큰 문제는 기후변화입니다. 기후변화는 지구에 이산화탄소 등 온실가스가 너무 많이 배출되면서 지구 기온이 자꾸 오르는 바람에 생기는 문제입니다. 온실가스가 지구의 열이 밖으로 빠져나가는 걸 붙잡는 온실효과를 일으키는 것이죠. 다들 아는 얘기입니다.

물은 지구 전체에서 순환합니다. 손 씻은 물은 하수도를 거쳐 강으로, 바다로 갑니다. 그 사이 증발한 물은 구름이 되어 다시 강과 바다에 비로 내리고요. 눈이 되어 내렸는데 그곳이 높은 산이라면 빙하가 됩니다. 강이나 빙하에서 나오는 물은 다시 우리의 식수원이 되고, 손 씻을 물이 되죠. 역시 모르는 이야기가 아닙니다. 그런데 지구에서는 물만이 아니라 탄소도 순환합니다. 인간과 동물은 숨을 쉴 때 이산화탄소를 내뱉습니다. 이를 나무를 비롯한 식물들이 빨아들이죠. 식물 속 탄소는 먹이사슬을 거쳐 동물들 몸속으로 이동합니다.

한편으로, 식물과 동물은 결국 모두 죽습니다. 이때 몸속 탄소가 땅으로 유입됩니다. 땅속 세균은 이들 사체를 분해해 다시 탄소를 발생시키는데, 이 탄소들은 대기로 들어갑니다. 대기에는 인간과 동물이 내뱉은 탄소도 함께 섞입니다. 그 와중에 물을 만나는 탄소는 물속에 녹아듭니다. 바다에는 막대한 탄소가 용해되어 있습니다. 어떤 물은 얼음이 되는데 그래서 빙하에도 엄청난 양의 탄소가 함유되어 있습니다.

이렇게 해서 지구는 균형을 이룹니다. 순환 과정을 통해 지구의 물 흐름은 특별한 변동 없이 '늘 같은 모습으로' 유지됩니다. 이런 걸 '균형'이라고 합니다. 시소에 앉은 양쪽 사람의 무게가 같아서 아무 변화가 없을 때 '균형을 이뤘다'라고 말하는 것처럼요. 탄소 순환도 마찬가지입니다. 순환 과정에 인간이 끼어들기 전까지 탄소 순환은 균형을 유지했습니다.

기후변화는 이 균형이 깨져 초래된 것입니다. 이유는 간단합니다. 애초에 땅속에 묻혀 있어야 할 탄소가 인간에 의해

지상으로 끄집어내졌기 때문입니다. 석탄이나 석유 같은 화석연료의 사용으로 말입니다. 지구 입장에서 생각해보면 결코 자연스럽지도, 예상하지도 못했던 변수가 등장한 것입니다. 인간의 활동으로 탄소 배출량이 지구가 자연스럽게 소화할 수준을 넘어섰습니다. 결국 균형을 무너뜨려 오랫동안 유지되었던 평균기온이 높아진 것입니다. 기후변화 문제는 너무 심각하지만, 그 심각성에 비해 사람들의 관심이나 긴장감은 현저히 낮습니다. 이러다가 끓는 물 속 개구리가 되는 건 아닌가 싶습니다. 냄비 속 물은 점점 '온난화'되고 있는데, 개구리는 그런 줄도 모르다가 죽는 것처럼 말이죠.

지구가 점점 뜨거워지면 어떤 일이 벌어지는지는 2017년과 2018년을 거치면서 충분히 경험했습니다. 연일 폭염이 계속되던 여름, 강추위가 이어지던 겨울. 거기다가 미세먼지 가득한 봄까지…. 저는 어릴 때 한국이 '4계절이 뚜렷한 아름다운 나라'라고 배웠는데, 이런 식으로 4계절이 뚜렷해지는 건 누구도 바라지 않을 겁니다. 한국뿐인가요. 전 세계가 최근 들어 폭염과 한파, 흉년과 홍수로 몸살을 앓고 있습니다. 극단적으로 더운 여름, 극도로 추운 겨울은 사람들에게 극한의 고통을 안겨줍니다.

비가 많이 오던 날, 동네 하천에서 어마어마한 기세로 물이 흘러가던 모습을 본 분이 많을 겁니다. 영하 15도쯤 되던 어느 겨울, 찬바람이 얼굴을 세차게 때리는데 목도리조차 하고 나오지 않아 덜덜 떨면서 길을 걷던 경험은요? 아무리 잠을 청해도 몸에서 땀이 줄줄 흘러내리고, 샤워를 해도 그때뿐 또다시 땀으로 범벅이 되던 여름은 어떤가요? 이런 삶이 일상이 되는 것, 이것이 바로 기후변화의 미래입니다. 이런 일이 일시적으로 몇몇 개인에게 한정된 경험이라면 다행이겠지만 그렇지 않습니다.

2003년에 유럽에서는 기온이 섭씨 40도를 계속 웃돌면서 수만 명이 죽는 일이 벌어졌습니다. 기후에 의한 대량학살이라 부를 만한 사건이었습니다. 2018년에는 전 세계가 폭염에 시달렸습니다. 그리스 아테네와 미국 캘리포니아에서는 대형 산불이 연이어 발생했습니다. 방송에서 본, 불타는 집을 멀리하고 화염 속을 빠져나오는 차량 운전자들의 절박한 모습이 생생합니다. 아프리카의 르완다나 서아시아의 시리아 내전도 사실 내전이 벌어지기 전 몇 년 동안 기후변화로 생긴 극심한 가뭄으로 발생한 갈등 때문이라는 주장도 있습니다. 어떤 곳에서는 덥고 가물지만, 또 어떤 곳에서는 그렇게 증발한 수증기가 막대한 양의 비로 쏟아집니다. 근래 빈번해진 세계 각국의 홍수와 초강력 태풍은 기후변화의 명백한 증거입니다. 이

대로 가다가는 기후변화가 야기한 전염병으로 혹은 식량난으로 굶주리거나 홍수·태풍·산불·가뭄 같은 재난으로 죽는 사람이 속출할 것입니다.

기후변화는 빙하가 사라져서 살기 팍팍해지는 북극곰만의 문제가 아닙니다. 기후변화는 지구에 사는 생물종 전체의 생존에 관한 이야기입니다. 물론 인간을 포함해서 말입니다. 이제는 기후변화로 바닷물 수위가 높아지면 "일본이 가라앉으니까 좋다"거나 "한국에도 망고가 자랄 테니 기쁘다"는 식으로 반응할 사람은 없을 겁니다. 그런데 이런 일은 시작에 불과합니다. 이 모든 난리는 지구 평균기온이 과거보다 겨우 1도쯤 올라서 생긴 일입니다.

2도가
올라간다면?

산업혁명 이후 지금까지 지구 평균기온은 1도가량 올랐습니다. 날씨는 늘 바뀔 수 있고, 낮 기온과 저녁 기온이 다를 수 있지만 그건 사람으로 따지면 컨디션 같은 것입니다. 기후변화가 야기하는 것은 평균기온이 변화입니다. 지구의 성격이 바뀌는 것입니다. 가끔 큰일을 겪고 성

137

격이 무섭게 돌변하는 사람이 있습니다. 사고를 당한 뒤 우울해지거나 안 좋은 일을 겪고 포악해지는 식으로요. 지구가 지금 그런 처지입니다.

산업혁명 이후 1도가 올랐다는 것은, 그전까지는 매우 오랫동안 지구 평균기온이 그대로였다는 뜻입니다. 그러다 증기기관이 만들어지고, 인간이 한동안 석탄을 그리고 나중에는 석유를 마구 태우면서 지구 평균기온이 1도가 오른 것입니다. 인간은 사회만 변화시킨 게 아니고 지구 기온까지 변화시켰습니다. 정확히 말하면 인간이 만든 자본주의가 그렇게 한 것입니다. 그전까지 존재했던 인간이 만든 노예제 사회, 인간이 꾸렸던 봉건제 혹은 절대왕정 사회, 지구 곳곳에 있던 인간의 거대 제국들은 기후까지 변화시키지는 않았습니다. 문제는 앞으로 우리에게는 많아야 1도 아니면 0.5도밖에 여유가 없다는 사실입니다. 지금까지 1도 올라간 것에 더해 1도가 추가로 올라가면 무슨 일이 벌어질까요? 산업혁명 이후 평균기온 2도 상승. 이는 인류가 탄생하고 지금까지 한 번도 없었던 일입니다.

지구 평균기온이 앞으로 1도가 더 올라가면, 남극과 그린란드의 얼음이 녹아 바닷물이 수 미터 상승할 수 있습니다.[1] 이렇게 되면 전 세계의 해안 지역 도시들이 심각한 위험에 빠집니다. 바다 옆에 위치한 도시들 혹은 바다와 연결된 강을 끼고 있는 도시들을 떠올려볼까요. 뉴욕, 도쿄, 시드니, 상하이, 스톡홀름 같은 세계적인 도시 그리고 서울, 부산, 인천, 울산 같은 한국의 주요 도시들이 다 그렇습니다. 이 도시들은 심각한 침수 피해를 입을 수 있습니다. 도시에 있던 건물도, 도로나 공원도 피해를 입을 테고요. 어쩌면 많은 곳이 사라질 수도 있습니다. 도시에서 살고 사랑했던 기억들도 함께 사라지겠죠. 도시가 가라앉을 때 다른 곳에 쉽게 집을 구할 수 있는 사람들은 부자들뿐입니다.

먹거리 수확량은 세계적으로 감소할 것으로 예상됩니다. 먹을 게 부족해지는 정도가 아니라 심각한 식량난이 벌어질 겁니다. 마실 물은 엄청나게 줄어들어 수천만 명이 물 부족에 시달리게 되고요. 곳곳에서 내전이 더욱 빈번해질 것입니다. 생물종은 상당수가 생존에 위협을 받습니다. 지구에서 그동안 대멸종기는 다섯 번 있었는데요, 지금이 여섯 번째 대멸종기이고 멸종 원인은 '인간'이라는 일부 학자의 주장이 사실에 가까워질 수 있습니다. 그러니 이 문제는 멸종하기 전에 동물원에 가서 희귀동물 얼굴 한 번 더 보는 것으로 해결될 성질의 것이 아닙니다.

태풍도 예전보다 많이 발생합니다. 그린란드 부근 바닷물은 차갑습니다. 물이 얼음이 됩니다. 당연히 염도가 높아집니다. 차갑고 염도가 높아진 물은 바다 아래로 가라앉습니다. 이 심해의 물은 남극 쪽으로 흐르다가 인도양과 태평양으로 이동합니다. 대신 뜨거운 태양 덕에 덥혀진 적도의 물은 그린란드 방면으로 흐릅니다. 이런 전체적인 바닷물의 순환 덕에 지구 전체의 온도가 균형을 맞춥니다. 바다가 그렇게 흐르지 않았다면 적도 근처 나라들은 프라이팬처럼 뜨거워지고, 위도가 높은 나라들은 지금보다 훨씬 추웠을 겁니다. 바다는 뜨거운 물과 차가운 물을 골고루 컨베이어벨트처럼 이동시켜 지금의 지구를 만듭니다. 그런데 기후변화로 이 메커니즘이 깨지면 그동안 바다가 했던 역할을 대기가 맡을 수밖에 없습니다. 대기가 격렬하게 움직이면? 그게 바로 태풍, 허리케인, 사이클론 같은 것입니다. 차가 너무 뜨거우면 보통 스푼으로 젓습니다. 이게 바다가 하는 일이었다면, 스푼이 없을 때는 입으로 호호 불어서 먹지요. 바로 태풍입니다.

알아야 할 게 한 가지 더 있습니다. 중요한 것인데요. 지구 온난화는 지하철역 에스컬레이터처럼 진행되지 않습니다. 오히려 엘리베이터처럼 움직일 가능성이 큽니다. 지금은 인간이 온실가스를 내뿜어 문제가 되지만, 어느 수준이 되면 지구 자체가 온실가스를 어마어마하게 방출할 것이기 때문입니다.

이 시점이 언제인지는 모르지만 2도 언저리일 것으로 추정됩니다.

그린란드와 남극에 거대한 규모로 녹아 있던 탄소는 빙하가 녹으면서, 바다에 엄청나게 녹아 있던 탄소는 물이 따뜻해지면서, 러시아나 캐나다의 영구동토층에 매장되어 있는 메탄 등은 언 땅이 녹으면서 엄청나게 쏟아져나올 것입니다. 이런 식으로 온실가스가 일제히 배출되면 그때부터는 인간이 온실가스를 하나도 방출하지 않는다 해도 아무 소용이 없습니다. 그다음부터는 상상할 수 있는 최악의 시나리오를 마음껏 그리면 됩니다. 산업혁명 이후 2도, 지금부터 1도 상승은 지구의 이산화탄소 대폭발을 야기하는 도화선 같은 것입니다.

더 무서운 것은 그린란드, 남극, 심해의 탄소가 본격적으로 방출되는 때가 각각 다를 수 있는데, 그게 언제인지 아무도 모른다는 것입니다. 예를 들어 그린란드는 1.8도에, 남극은 1.7도에, 심해는 2도에 이산화탄소 대량 방출이 시작될 수 있습니다. 그 시기가 당장 내일이 될 수도 있고, 50년 후가 될 수도 있고, 2100년이 될 수도 있습니다. 그러니 아이들에게 공부 열심히 해서 좋은 대학 가라고만 하지 말고, 아이가 살 수 있는 환경을 만들어주는 게 중요합니다. 좋은 환경을 만들어준다면서 강남으로 이사가봐야 소용없습니다.

세계기상기구WMO가 2018년 전 세계 온실가스 농도를 측정했는데, 이산화탄소 농도가 지난 300만 년 동안 가장 높았다고 합니다.[2] 인간이 지금 당장 온실가스 배출을 중단해야 기후변화를 막을 수 있다는 목소리가 세계적으로 점점 커지고 있는 이 상황을 대충 흘려보내서는 안 됩니다.

기후변화를 막기 위한
노력과 녹색기본소득

기후변화를 막기 위해 세계 각국은 과거와는 다른 비상한 노력을 기울이는 중입니다. 그 사례가 파리협정입니다. 2015년 파리에서 세계 196개국이 모여 파리협정이란 걸 맺었습니다. 지구 평균기온이 산업혁명 이후로부터 2도 이상 올라가는 걸 막자고 약속했습니다. 그뿐 아니라 그 정도로는 부족한 것 같아서 최대한 1.5도 상승, 그러니까 지금으로부터 0.5도 상승으로 막아보자고 결의했습니다.

한두 나라도 아니고 196개 나라가 협정에 서명했다는 것은 놀라운 일입니다. 학교나 직장에서 10명만 모여도 회의하기가 어렵고 결정도 쉽지 않습니다. 그런데 배경과 조건이 모두 다른 196개 나라가 모여 파리협정에 합의했다는 것은 그만큼 상황이 심각하다는 얘기입니다. 이에 따라 한국 정부도 계획을 냈습니다. 2030년까지 배출전망치 대비 37퍼센트를 줄이겠다는 내용입니다.[3] 줄이긴 줄이는데, 배출전망치 그러니까 앞으로 2030년까지 아무 조치도 취하지 않았을 때 전망되는 온실가스 배출량 가운데 37퍼센트를 줄이겠다는 뜻입니다.

유럽연합EU은 현재 1990년을 기준으로 40퍼센트의 배출량을 줄이기로 약속했습니다. 이에 비해 한국 정부의 배출전망치 대비 37퍼센트라는 숫자는 1990년과 비교하면 오히려 배출량을 80퍼센트 늘리겠다는 목표입니다. "비만이라 문제이니 기준보다 80퍼센트만 더 찌우겠다"라고 말하는 사람에게 다이어트의 진정성은 찾아보기 힘든 법입니다.

한국의 현재 정책조합policy mix은 그 목표를 달성하는 데도 충분치 못할 것으로 보인다(PBL, 2015). 한국이 자국의 기후 목표 달성을 위해 감축 궤도를 변경하려면 (중략) 에너지세와 전기요금 개혁, 재생에너지원 개발 및 에너지 수요 관리 강화가 반드시 필요하다.[4]

경제협력개발기구OECD는 한국의 탄소 배출량 감축 정책에 대해 이렇게 평가합니다. 아직 멀었다는 얘기입니다. 사실 답은 나와 있습니다. 어느 나라에서나 기후변화를 막기 위한 주요한 방향은 '에너지 수요를 줄이는 것'입니다. 한국도 예외일 수 없습니다. 이를 위해 에너지 수요 관리를 위한 각종 기술과 제도들이 개발·도입되고 있습니다. 녹색기본소득의 진가는 여기서 발휘될 수 있습니다. 에너지 수요 관리 기술이나 제도 개발 이전에 녹색기본소득은 시민의 참여를 통해 에너지 수요 자체를 줄일 테니 말입니다.

자동차가 줄어들면 어떤 일이 생길까요. 우선 자동차에 들어가는 휘발유나 경유의 사용이 감소합니다. 석유에서 나오는 온실가스가 감축되겠죠. 휘발유와 경유의 사용이 줄면, 정유공장이 덜 가동될 것입니다. 이 과정에서도 정유공장 가동에 들어가는 연료가 줄어 온실가스가 감축됩니다. 자동차 제조 과정에서도 온실가스는 줄어들 수 있습니다. 공장 가동을 위해 전기를 사용하지 않게 되니까요. 금속, 유리, 각종 플라스틱 제품, 타이어 등을 생산하고 조립할 때 나오는 온실가스 역시 줄어듭니다. 전기차도 마찬가지입니다. 미세먼지에 대해 설명하면서 이미 이야기했지만, 전기차가 늘어난다 하더라도 전기차를 움직이는 전기를 석탄화력발전소에서 생산하는 한 온실가스는 증가할 수밖에 없습니다. 그러니 자동차 숫자 자체를 줄여야만 합니다. 자동차 수가 줄어들면 도로를 적게 놓아도 되므로 그 과정에서도 온실가스가 감축되겠죠. 도로를 놓는 과정, 도로를 놓기 위해 재료를 생산하는 공정에서도 마찬가지고요.

자동차를 줄인다는 것은 온실가스를 다방면에서 감축할 수 있다는 것을 의미합니다. 자동차와 석유의 세기였던 20세기는 온실가스를 대규모로 방출했습니다. 따라서 온실가스를 감축하기 위한 핵심이 자동차 수를 줄이고, 더불어 석유 사용을 감소시키는 것이라는 점은 너무나 당연한 귀결입니다.

"오늘 강상구 님은 30분 걷기를 통해 온실가스 ○○○그램을 감축하셨습니다."

녹색기본소득시대의 시민은 앱을 통해 매일 이런 문구를 확인하면서 온실가스 감축에 능동적으로 참여하는 세계 시민의 역할을 다할 것입니다. 일상에서 '기후행동'을 자연스러운 습관으로 받아들이게 된 시민은 에너지 소비에 대해서도 점차 큰 관심을 갖게 될 것입니다. 다양한 분야에서 에너지 소비를 줄이기 위한 노력이 펼쳐질 것입니다. 실내 냉난방 온도를 너무 높거나 낮지 않게 유지하려 애쓸 것이고, 에너지 효율이 높은 가전제품 이용도 늘어날 것입니다. 이를 닦고 세수할 때 물을 흘려보내지 않고 받아 쓰는 사람도 많아질 것입니다.

쓰레기는 최대한 줄일뿐더러 플라스틱이나 비닐봉지 사용도 자제할 것입니다. 사회는 매우 크게 바뀔 것입니다.

무엇보다 녹색기본소득은 그동안 기후변화를 야기했던 선진국들이 적극 검토해야 합니다. 기후변화의 원인은 '선진국'이 제공했는데, 피해는 가난한 국가가 보고 있는 게 현실입니다. 유럽과 미국은 이를 고려해 책임 있게 행동해야 합니다. 기후변화에 대한 자신들의 책임을 감안해 녹색기본소득 도입이나 실험을 진지하게 검토해야 합니다.

마침 유럽에는 덴마크나 네덜란드처럼 자전거 교통이 발달한 곳이 많습니다. 걷기 좋은 도시 실험, 자동차 없는 도시 실험 역시 유럽 곳곳에서 진행 중입니다. 미국에서도 유사한 실험이 활발합니다. 녹색기본소득과 맞닿아 있는 시도들이 이미 존재하고 있는 것입니다.

게다가 그동안 기본소득을 실시했거나 실험했던 국가들 역시 대부분 유럽이나 아메리카대륙에 위치해 있습니다. 핀란드나 스위스를 비롯해 여러 나라에서 기본소득에 대한 실험이 진행되었거나 논의되었습니다. 안정적으로 기본소득이 지급되는 알래스카는 미국에 속해 있습니다. 그러니 녹색기본소득이 유럽과 미국에서 본격적으로 검토되기 시작하면 온실가스 감축과 기본소득 논의는 서로 긍정적 영향을 주며 훨씬 탄력을 받을 것입니다.

지구온난화 문제가 최초로 논의되었던 때는 1972년이었습니다. 그 이후로 50년 가까이 지났습니다. 그 사이에도 지구기온은 계속해서 오르고 있습니다. 이제는 인류가 보다 더 적극적으로 노력해야 할 때입니다.

에너지 전환과
녹색기본소득

지구 기온을 1.5도 상승에서 멈추게 하기 위해 기후변화에관한정부간협의체IPCC[5]는 2030년까지 이산화탄소를 2010년과 비교해 45퍼센트 줄이고, 2050년까지는 순배출량을 '제로'로 만들어야 한다고 보고 있습니다. 이때 전 세계 전기의 70~85퍼센트는 재생에너지로 공급해야합니다.[6] 이미 세계 각국은 재생에너지 도입에 박차를 가하고 있습니다. 예전에는 태양광발전이나 풍력발전 같은 재생에너지가 핵발전이나 석탄화력발전보다 생산비용이 높았기 때문에 안 된다는 주장이 있었지만, 이제는 과거 이야기가 되었습니다. 태양광발전과 풍력발전 단가가 급속도로 내려가고 있기 때문입니다. 따라서 전 세계 주요 국가들은 이미 탈석탄, 탈핵을 적극적으로 추진 중입니다. 영국, 프랑스, 이탈리아, 핀란드, 덴마크, 캐나다, 멕시코 등 20개국은 2030년경까지 석탄발전소를 모두 없애겠다면서 '탈석탄동맹'을 결성했습니다.[7] 2030년이면 이제 10년 남았습니다. 그 사이 석탄발전소를 모두 폐쇄한다니 놀라울 따름입니다. 한국은 지금도 석탄발전소를 건설 중이고, 2030년이 되어도 전체 전력 생산의 3분이 1 이상을 석탄발전이 담당할 것으로 예상됩니다.

재생에너지가 들쭉날쭉해서 어려움이 있다는 주장도 있습니다. 비가 오는 날은 태양광발전이 안 될 테고, 바람이 멈춘 날에는 풍력발전이 안 될 거라는 주장인데요, 이에 대한 대책도 나와 있습니다. 재생에너지의 나라 덴마크는 꼼꼼하게 날씨를 예측해 에너지 수요와 공급을 정교하게 관리합니다. 애플이 덴마크에 최근 2조 원을 투자해 데이터센터를 짓기로 했습니다. 데이터센터는 빅데이터 저장·유통의 핵심 시설입니다. 우리가 인터넷이나 온라인 쇼핑을 할 때 그 작업을 처리해주는 컴퓨터 시스템이 몰려 있는 곳입니다. 보통 축구장만큼 크고요, 막대한 전력을 소모합니다. 이 센터가 100퍼센트 재생에너지로 가동된다고 합니다.[8] 재생에너지가 전기를 들쭉날쭉 공급할 것이라는 의심은 더이상 하지 않아도 될 것 같습니다.

그러니 이제는 뒤돌아보지 말고 재생에너지체제로 전면

적으로 전환할 수 있도록 노력해야 합니다. 다만 재생에너지도 두 유형이 있습니다. 한 곳에 거대 규모로 시설을 설치하는 중앙집중형 방식과 집집마다, 동네마다 작은 규모로 분산해 자립적으로 에너지를 생산하는 분산형 방식입니다. 사막 같은 곳에 기업 주도로 태양광 패널을 몇 만 개씩 설치해 전기를 생산하는 방식이 첫째 방식입니다. 전기를 얼마나 만들지 판단은 기업이 하고, 판매 수익도 기업이 얻겠죠. 석탄화력발전이나 핵발전도 이런 식입니다. 서울 사람이 쓰는 전기를 충남 사람들이 석탄화력발전소에서 생산하거나 경북 사람들이 위험한 핵발전소에서 만드는 것은 민주주의에 어울리지 않습니다. 위험은 지방 사람들이 떠맡고 이익은 서울 사람들이 가져가니까요. 물론 진짜 이익은 석탄화력발전과 핵발전을 운영하는 거대 기업들이 얻습니다. 에너지 독재입니다.

분산형은 협동조합이나 개인이 마을이나 동네에 설비를 들여놓는 것입니다. 전기를 생산하고 판매할 때 필요한 결정을 주민이 하고, 판매 수익도 주민에게 돌아갑니다. 이 방식은 에너지 민주주의를 활성화시킵니다. 위험하지 않은데다 스스로 결정하고 책임지니까요. 독일에서 이런 사례를 흔히 찾아볼 수 있습니다. 독일 베를린에서 80킬로미터쯤 떨어진 곳에 100퍼센트 에너지 자립마을로 유명한 펠트하임이란 동네가 있습니다. 이곳 주민들은 풍력과 태양광으로 전기를 생산합니다. 돼지 분뇨에서 나온 가스를 모아 발전기를 돌려 전기를 만들기도 합니다. 주민들은 쓰고 남은 전기를 다른 지역에 팔아 수익도 남깁니다.

최근에는 한국에도 이와 유사한 지역이 등장했습니다. 다만 제가 독일 사례를 드는 것은 재생에너지 도입에 '주민의 힘'이 결정적이어야 한다는 점을 말하고 싶어서입니다.

독일은 탈석탄, 탈핵을 추진하며 '분산형 에너지체제'를 선도하고 있습니다. 2001년 당시 독일 전체에서 지역에너지 협동조합은 66개였다고 합니다. 2015년에 이르러 그 수는 1000여 개가 됐습니다. 독일은 전체 재생에너지시설 가운데 지역에너지협동조합을 비롯해 시민이 소유한 시설이 42퍼센트에 이른다고 합니다.[9]

독일이 모든 면에서 모범적 사례를 만들며 온실가스 배출량을 획기적으로 줄이는 데 성공하고 있긴 하지만 어려움이 없는 것은 아닙니다. 바로 수송 분야가 문제입니다.[10] 전력 생산은 재생가능에너지로 하고 있지만, 여전히 내연기관 자동차가 많기 때문입니다. 독일에게도 과제는 전지차 확대일 것입니다. 나아가 만약 독일이 녹색기본소득을 도입한다면 수송 부문의 온실가스 배출 감축은 훨씬 진전을 보일 것입니다. 차량

이용이 획기적으로 줄어들 테니 말입니다.

사실 녹색기본소득은 분산형 에너지체제와 잘 어울립니다. 에너지를 자립적으로 생산하는 마을 가운데는 교통수단도 자전거나 걷기를 택한 곳들이 있습니다. 독일 프라이부르크의 생태주거단지 '보방 마을'은 4장에서 보행 우선 도시를 설명하면서 사례로 꼽았던 곳입니다. 독일 통일 후 이 지역 주민 5000여 명이 협동조합을 만들고 친환경 마을을 건설했습니다. 많은 일이 진행되었습니다. 태양광을 통한 전력 생산, 에너지 사용 최소화를 위한 건물 단열 개선, 자동차 진입을 막고 보행자와 자전거 중심 거리 건설….[11]

녹색기본소득은 분산형 에너지체제와 잘 어울리는 자전거 타기와 걷기를 획기적으로 진전시킬 수 있습니다. 재생가능에너지가 우위인 상황에서도 해결되지 않는 수송 분야의 온실가스 감축을 급진전시킬 잠재력을 가지고 있습니다.

탈핵

녹색기본소득은 탈핵의 길을 활짝 열어줄 것입니다. 전력 소비의 효율을 높이고 재생가능에너지를 확대하는 것이 탈핵의 지름길입니다. 효율적인 전력 소

151   5장 지구를 바꾸는 힘

비는 전기의 '수요 관리'와 관련 있습니다. 그동안 한국 정부는 핵발전소를 계속 늘려왔습니다. 정부가 전기 공급과 수요에 대한 기본 계획을 세울 때 항상 앞으로 전기를 훨씬 많이 쓸 것이라 예측하기 때문입니다. 이른바 수요를 과다하게 계산하는 것이죠. 그러나 앞으로 경제는 과거처럼 일 년에 3~4퍼센트씩 성장할 수 없습니다. 잠재성장률이라고 해서 한국에 있는 모든 사람이 실업자 없이 죄다 일을 할 때 달성할 수 있는 성장률이 있는데요, 잠재성장률 자체가 매년 크게 떨어지고 있습니다. 한국 경제의 저성장 전망은 정부도 인정하고 있는 사실입니다. 이런데도 정부는 경제가 계속 성장할 것이고 이에 따라 전기 사용도 늘어날 것이니 발전소를 더 지어야 한다고 얘기합니다.

"내년 되면 금세 또 자랄 테니 몇 치수 큰 옷 사주자."

"이제 다 큰 것 아닐까?"

"아니야, 우리 애는 계속 자랄 거야."

이런 식이면 옷 파는 가게 주인만 좋습니다. 전기 만드는 회사와 핵 마피아들만 좋은 것이죠. 전기 수요가 대폭 늘 것으로 가정하고 발전소 용량을 확충하는 시대는 지났습니다. 한국 정부 역시 이를 감안해 전력 공급이 아니라 수요 관리로 무게 중심을 옮기고 있습니다.

전기 수요 관리는 예를 들면 이런 겁니다. 요즘 형광등을 LED 등으로 많이 바꾸죠. 전기도 훨씬 덜 소모되고 오래 갑니다. 이런 게 바로 수요 관리입니다. 건물을 만들 때 단열 기준을 높이면, 냉난방에 쓰는 전기를 아낄 수 있습니다. 역시 수요 관리의 사례입니다. 에너지 효율이 높은 기기를 보급하고, 산업용 전기요금을 올려 전력을 효율적으로 쓰도록 유도하는 것도 수요 관리의 방법입니다.

요컨대, 수요 관리는 무조건 공급을 늘리는 식이 아니라, 전기를 효율적으로 사용해 수요를 적절한 수준으로 관리함으로써 전력 수요와 공급의 균형을 이뤄나가는 방식입니다. 자동차가 많아질 테니 길을 넓혀 통행을 원활하게 하는 게 아니라, 자동차 수요를 줄여 교통정체를 해결하는 방식과 일맥상통합니다.

돈이 아무리 많아도 물 쓰듯 하면 금방 부족해집니다. 그동안 우리는 전기를 물 쓰듯 해왔습니다. 이제는 적정 수준에서 필요한 만큼만 써야 합니다. 여러 기술의 도입으로 가능해졌고, 각종 제도의 도입으로 이룰 수 있는 일입니다.

4차 산업혁명이 전기 수요를 대폭 늘릴 것이라는 주장도 있습니다. 4차 산업혁명 때문에 로봇이나 AI, 전기차가 늘어나면 전기 수요가 폭증할 수 있습니다. 반면, 4차 산업혁명은 집,

빌딩, 공장에서 전기를 적정 수준으로 사용하도록 관리해주는 스마트 홈, 스마트 빌딩, 스마트 공장을 등장시킬 것이므로 전기 소비가 오히려 줄어들 것이라고 보는 입장도 있습니다.[12] 지켜봐야 할 부분입니다.

최소한 녹색기본소득은 전기차 수요를 상당 부분 줄일 것이므로 전력 소모가 꽤 줄어드는 것은 확실합니다. 앞에서 이 점은 이미 이야기했습니다. 자동차가 사용하는 전기, 그 자동차를 제조할 때 쓰는 전기, 자동차가 다니는 길을 조성할 때 이용되는 전기, 그 길을 닦는 건설기계를 만들 때 사용하는 전기를 아낄 수 있습니다.

재생에너지를 늘리는 것이 탈핵의 또다른 방법입니다. 지방자치단체를 포함해 여러 지역과 마을에서 스스로 에너지를 만들고, 에너지 자립을 실천하면 핵발전소 같은 대규모 발전 설비에서 전기를 생산하는 양은 줄어들 것입니다. 걷기와 자전거 타기로 동네가 바뀌면 에너지 자립을 실천하는 지역이 곳곳에서 늘어날 것입니다. 이는 탈핵의 확실한 대안입니다.

어떤 사람은 핵발전소에서는 미세먼지나 온실가스가 나오지 않으니 핵발전소야말로 기후변화의 대책으로 완벽하다고 주장합니다. 체르노빌에 이어 후쿠시마 사고까지 겪었으면서도 그렇게 이야기하는 것은 그야말로 대책 없는 일입니다.

핵발전소로 전기를 생산하는 동안에는 석탄발전소처럼 온실가스가 나오지 않습니다. 그러나 핵발전소를 몇 년에 걸쳐 짓고, 우라늄을 캐서 핵발전소까지 가져오고, 나중에 핵폐기물을 처분하는 모든 과정을 다 고려하면 온실가스를 줄이는 데 크게 기여하지 않습니다.[13]

전 세계적으로 탈핵은 대세가 되어가고 있습니다. 녹색기본소득으로 그 길을 앞당겨야 합니다.

생태사회를 위한 투자에 녹색기본소득기금을!

19세 미만 아동·청소년에 대해서는 따로 기금을 만들고, 그곳 계좌에 적립하는 방식으로 녹색기본소득을 지급하자는 방안을 이야기했습니다. 이 기금 이름으로 제가 제안한 것은 아동청소년녹색기본소득기금이었습니다. 이 기금을 '생태사회 전환'을 위한 투자에 사용하면 좋겠습니다.

전 세계적으로 이미 많은 금융기관이 '녹색금융' 역할을 수행 중입니다. 예를 들어, 독일개발은행KfW은 탄소펀드를 운용하면서 탄소 배출 절감을 위한 각종 사업에 투자하고 있습니다.[14] 네덜란드협동조합은행은 지속가능한 건축, 지역 난방, 유기농 농업, 풍력 에너지 등에 투자 중입니다.[15] 생태사회로 제대로 전환하기 위해서는 녹색기술에 집중적으로 투자해야 합니다. 꼭 필요한 일입니다.

예를 들어 태양광발전이나 풍력발전 설비의 기술력을 꾸준히 높여야 합니다. 에너지 저장장치의 효율도 계속 향상시켜야 할 것입니다. 그래야 태양광이나 풍력으로 만든 전기 에너지를 소실하지 않고 잘 보관할 수 있습니다. 마을별 에너지 생산이 활성화되면, 소규모 독립형 전력망이 필요할 텐데요, 여기에 필요한 기술도 개발해야 할 것입니다.[16] 한국도 이 기술에 관심을 보이기 시작했습니다. 또 스마트 도시, 스마트 공장 등은 모두 에너지 소비 감소와 연결되는데, 이런 기술도 지속적으로 혁신해야 할 것입니다.

제가 접한 사례 중 재미있는 게 있습니다. 버려진 기술을 수확하는 '에너지 하베스팅'입니다. 하베스트harvest가 '수확'이란 뜻이니 그냥 '버려진 에너지 수확하기 기술' 정도로 이해하면 되겠습니다. 제가 흥미 있게 보는 것은 걸을 때 생기는 에너지를 모으는 방법입니다. 도쿄역에는 사람들이 밟고 지나가면 전기가 생산되는 계단이 있습니다. 압력을 가해 전기를 생산하는 걸 '압전발전'이라 합니다. 압력을 전기에너지로 바꾼

다는 뜻입니다. 밟으면 불이 들어오는 계단을 본 적이 있는지 모르겠는데요, 이 계단도 그런 원리라고 합니다. 도쿄역은 수 많은 사람이 다니니 그만큼 전기에너지 생산도 큽니다. 녹색기본소득으로 걷는 사람이 훨씬 많아지면 압전발전 기술을 곳곳에 적용할 수 있을 것입니다.

"아빠, 도레미 소리가 나."

"와, 정말 그러네. 산토끼 연주해보자."

조명과 함께 소리까지 나는 계단에서 아이와 놀았던 기억이 납니다. 그때 스쿼트를 좀 꾸준히 해야겠다고 마음먹었던 기억도 함께 납니다. 압전 기술은 휴대폰에도 적용이 가능합니다. 기술적으로는 좀 복잡한 얘기일 수 있지만, 간단히 말하면 휴대폰이 흔들릴 때마다 생기는 진동 압력으로 충전을 한다는 것인데요,[17] 녹색기본소득을 위해 걷는 사람은 휴대폰 충전 걱정은 안 해도 될 날이 올지 모릅니다.

브라질 리우데자네이루 빈민가에 있는 축구장에는 운동장에 200개의 압전 타일이 설치되어 아이들이 뛰어노는 동안 전기를 비축한다고 합니다. 이 에너지를 축구장 조명으로 사용해 밤에도 축구를 할 수 있다고 하는군요.[18]

인간의 힘을 이용하는 다른 아이디어로는 이 밖에도 신발에 배터리를 연결해 걸을 때 생기는 에너지를 모으는 기술,

5장 지구를 바꾸는 힘

배낭 들썩임으로 전기를 생산하는 기술, 군중 열기를 모아 난방을 하는 기술 등도 있습니다.[19]

생태사회로 전환하는 일은 사실 우리가 사는 공간과 산업 전체를 바꾸는 작업입니다. 이를 위해서는 막대한 투자가 장기간에 걸쳐 이뤄져야 합니다. 마리아나 마추카토라는 학자가 주장하는 내용이 의미가 있습니다. 이분의 주장을 제 방식으로 설명해보겠습니다.

성과가 쉽게 나지 않지만 반드시 해야 하는 혁신산업에는 오랫동안 인내하며 투자되는 자본이 필요합니다. 역사를 보면 '혁신'은 우리가 흔히 알고 있듯이 마이크로소프트나 애플 같은 민간 기업이 아니라, 대부분 국가가 주도했습니다. 어떤 방향으로 어떤 속도로 나아갈지를 결정하는 것도 정부였습니다. 민간 기업은 당장 이익이 나는 일이 아니면 투자를 하지 않는데, 혁신은 10년이든 20년이든 아주 오랜 기간에 걸쳐 집중적으로 투자가 되어야 가능한 일이기 때문입니다. 한국에서는 재벌이 부분적으로 이런 장기 투자를 하기도 했지만, 최근 들어 이런 경향은 약화되고 있습니다.

미국 정부는 1960년대부터 1980년대까지 정보통신기술에 집중적으로 투자했습니다. 그 결과가 마이크로소프트, 애플인 것이죠. 인터넷이 있었기에 마이크로소프트가 성장할 수 있었고, 아이폰을 이루는 터치스크린, 음성으로 작동하는 '시리', GPS 등도 정부가 돈을 투자했기에 가능했던 기술입니다.[20] 이른바 혁신가라고 하는 기업인들은 정부가 기술을 개발하고 나서 어느 정도 돈을 벌 가능성이 보일 때에야 비로소 '모험적으로' 투자에 나섭니다.

재생가능에너지 분야도 마찬가지입니다. 미국만이 아니라 독일, 중국 할 것 없이 모두 정부가 재생가능에너지 기술을 선도하기 위해 투자해왔습니다. 이런 자본을 '인내자본'이라 합니다. 녹색기본소득기금이야말로 이런 인내자본 역할을 하기에 제격입니다. 오로지 생태사회로 전환하기 위한 혁신 투자에만 집중하자는 것입니다.

녹색기본소득기금에서 기본소득을 찾아가는 이들은 만 19세가 된 성인들이므로 매년 지급해야 할 총액은 대체로 고정되어 있습니다. 나머지는 얼마든지 장기 투자에 이용할 수 있습니다. 물론 혁신 투자가 언제나 성공하는 건 아닙니다. 그러나 한 번 성공하면 대박이 나는 경우가 많습니다. 일자리도 엄청나게 창출됩니다. 다양한 투자를 통해 어떤 곳에서는 실패하고 어떤 곳에서는 성공하면서 결국 적절히 타산을 맞출 수 있습니다. 다른 금융 투자가 그런 것처럼 말이죠. 다만, 그동안 여러 나라 정부가 혁신기술을 개발해놓으면 그 기술에 기반해 민간 기업이 투자를 하고 막대한 수익을 챙겼습니다. 정부가 국민의 돈으로 혁신기술을 개발하면 사기업이 그 이익을 가져가는 식이었죠. 이런 방식은 분명 문제입니다.

따라서 녹색기본소득기금의 투자로 발생한 수익은 적절하게 환원되어야 합니다. 공공이 투자한 돈은 다시 공공에게 돌아가게 해야 합니다. 가장 좋은 방법은 녹색기본소득기금이, 투자한 기업의 지분이나 특허를 일정하게 보유하는 것이 아닐까 합니다. 이 구상 역시 이미 다른 나라에 사례가 있으니 충분히 가능한 일입니다.[21]

걷고 자전거를 타면서 적립한 녹색기본소득기금으로 아동과 청소년들은 화석연료 중독사회를 생태사회로 바꾸는 데 지대한 역할을 할 수 있습니다. 성인이 되어 살아갈 사회를 자신들의 노력으로 직접 변화시키는 것입니다.

석유 없는 시대, 준비는 지금부터

에너지 소비를 줄이는 것은 탄소 배출을 줄이는 것이기도 하고 화석연료 고갈을 대비한 것이기도 합니다. 만약 당장 내일 석유가 사라진다면 어떤 일이 벌어질까요? 일단 자동차가 멈춥니다. 길이 파손되어도 아스팔트를 새로 보수할 수도 없습니다. 쉽게 상상할 수 있는 일입니다.

집 안을 살펴볼까요? 세탁기, 가스레인지, 냉장고, 텔레비전 같은 가전제품에서 플라스틱이 신기루처럼 사라집니다. 글을 쓰면서 컴퓨터 모니터를 만져봤습니다. 스크린을 빼면 플라스틱 재질이더군요. 키보드도 그렇고요. 컴퓨터 전원을 연결하는 전선도 마찬가지입니다. 제 방 컴퓨터 옆에는 아이 사진이 들어 있는 액자가 있습니다. 이것도 플라스틱입니다. 냉장고를 열어봤습니다. 반찬이 플라스틱 통에 담겨 있습니다. 아, 반찬 재료가 되는 채소도 대부분 석유에서 나온 화학비료로 재배되었네요.

우리 삶 속에는 석유가 워낙 깊이 들어와 있어서 석유 없는 삶을 상상하는 건 쉽지 않습니다. 그러나 석유는 수십 년 내로 사라집니다. 만약 그 순간을 아무 대비 없이 맞이한다면 우리는 마약 중독자가 마약을 끊었을 때처럼 금단현상에 시달릴 것입니다.

1973년 서아시아의 산유국은 석유 가격을 네 배쯤 올렸습니다. 석유를 사서 쓰는 나라들은 큰 '쇼크'에 빠졌습니다. '오일 쇼크'입니다. 물가는 엄청나게 뛰었고, 실업자가 급격하게 늘면서 세계 경제가 큰 혼란을 겪었습니다. 석유 없는 시대를 미리 준비해야 이런 사태를 예방할 수 있습니다. 석유를 대체할 에너지원이 마련되어야 합니다. 석유가 없어도 농기계를 돌리고, 석유에서 나온 비료를 사용하지 않아도 식량 생산이 가능한 체제를 만들어야 합니다.

사실 석유 없는 삶을 대비하는 연습은 이미 시작되었습니다. 카페에서 빨대 안 쓰기, 일회용 비닐봉투 사용하지 않기 등입니다. 식물성 재료로 만든 플라스틱도 등장했습니다. 저도 장바구니를 사용한 지 꽤 되었습니다. 석유 없는 삶을 연습하는 것은 당장 현재의 문제를 해결하기 위해서도 시급합니다. 앞서 살펴본 미세먼지나 기후변화 문제가 아니더라도 말입니다. 플라스틱 폐기물 문제를 살펴봅시다. 미세플라스틱은 마치 산소처럼 곳곳에 널려 있습니다. 에베레스트산 꼭대기에서부터 남극에 이르기까지 퍼지지 않은 곳이 없습니다. 각종 비닐봉지와 폐플라스틱이 물고기 몸속에서 나오는 사례는 이제 흔합니다.

녹색기본소득은 석유 없는 삶을 적극적으로 준비하는 데 기여할 것입니다. 우선 자동차 사용을 감소시킬 테니, 석유 사용은 줄어들 것입니다. 현재 전 세계 원유 소비의 4분의 1 이상을 자가용 승용차가 담당합니다.

상평동 자전거 동호회는 자체적으로 매월 정기 라이딩을 통해 아름다운 남강변 자전거길을 깨끗하게 가꾸는 동시에 자전거 타기 활성화를 위한 홍보활동도 하고 있다.[22]

자전거 동호회가 운영하는 블로그에 들어가면 이런 글을 흔히 찾을 수 있습니다. 자전거 타는 시민은 자연스럽게 환경 의식도 높아집니다. 걷기도 마찬가지입니다. 녹색기본소득과 함께 적절한 정부 정책과 캠페인이 병행된다면, 석유 고갈에 대비해 사람들의 석유화학제품 사용을 적극적으로 줄여나갈 수 있을 것입니다.

석유 없는 삶을 준비하기 위해서는 녹색기본소득기금의 역할도 중요합니다. 녹색기본소득기금은 에너지 분야만이 아니라 석유화학의 대체기술 분야에도 투자되면서 석유의 필요성을 실질적으로 감소시킬 것입니다. 미국이나 유럽은 개발도상국보다 한 사람당 플라스틱은 20배, 화학비료는 10배 많이 사용하고 있습니다. 국제에너지기구IEA는 2018년 세계 원유 소비에서 석유화학산업이 차지하는 비중이 점차 커질 것이고 플라스틱을 줄이기 위한 각국 정부의 노력에도 석유화학산업의 성장을 막지는 못할 것이리고도 전망했습니다.[23] 석유를 대체할 혁신적 기술개발이 필요한 이유입니다.

따라서 녹색기본소득이 도입된다면, 한편에서는 녹색기본소득이 가져올 생활의 변화가 에너지 소비를 줄이고, 플라스틱 같은 석유화학 생산물 사용을 감소시킬 것입니다. 또 한편에서는 녹색기본소득기금이 혁신 투자를 통해 석유 중독으로부터 벗어날 기술 개발에 매진하도록 지원할 것입니다.

나아가 중요한 문제가 더 있습니다. 한국의 큰 문제 중 하나는 에너지 수입이 지나치게 많다는 것입니다. 제가 어릴 때 "석유 한 방울 안 나는 우리나라"라는 말을 정말 많이 들었습니다. "그러니까 공부 열심히 하라"는 선생님 잔소리에서 늘 등장하는 문구였죠. 한국은 전체 에너지 가운데 95퍼센트 가까이를 수입하고 있습니다. 가전제품은 잔뜩 있는데, 전기 코드는 모두 옆집에 꽂아놓은 것과 비슷합니다. 옆집 주인이 나쁜 마음을 먹으면 갑자기 우리 집은 작동불능 상태가 될 수 있습니다. 에너지 안보를 위해서는 에너지 자립이 중요합니다.

한국의 에너지 수입량 가운데에서도 석유는 가장 큰 비중을 차지합니다. 약 60퍼센트가 석유입니다. 석유 수입은 한국이 세계 5위에 해당합니다. 수입된 석유는 절반 이상을 산업에서 사용하고, 35퍼센트 정도는 수송 부문에서 씁니다.[24]

에너지를 해외에 의존하면, 에너지 가격이 올라갈 때 국가의 부담, 그러니까 결국 시민의 부담이 매우 커집니다. 석유

가격이 오를 때마다 한국 경제가 휘청거리는 것은 이 때문입니다. 한국만이 아니라 석유 가격 상승은 세계경제를 뒤흔듭니다. 석유를 둘러싸고 전쟁도 많이 벌어졌습니다. 전쟁을 핑계로 무기산업은 수십 년간 활황입니다. 전쟁이 아니더라도 석유를 해외에서 수입·정제해 파는 기업들은 막대한 돈을 벌고, 시민은 그 에너지에 종속된 삶을 살아갑니다. 에너지 자립은 수출국에 대해서도 필요하지만, 시민이 에너지 독점 기업으로부터도 이뤄야 할 일입니다.

그러니 석유에서 벗어나는 일은 에너지 안보를 위해서도, 경제 안정을 위해서도, 평화를 위해서도 필요합니다. 걷고, 자전거를 타면 시민 개개인이 석유기업에 종속되는 것으로부터 벗어나 에너지 자립 생활에 가까워질 수 있습니다.

（6장）

녹색기본소득 재원은
어떻게 마련할까?

녹색기본소득으로
줄어드는 각종 비용

녹색기본소득은 그동안 불필요하게 쓰인 많은 돈을 아낍니다. 고상한 말로 하자면 사회적 비용을 감소시킵니다. 우선 녹색기본소득으로 시민은 건강해집니다. 의료비용이 감소하겠지요. 한국의 국민의료비는 2012년에 97조 원이었습니다. 국민이 아파서 쓰는 돈이 무려 97조 원이란 얘기입니다. 그것도 매년 가파르게 증가하고 있죠.[1] 예를 들어 한 해에 우울증이나 불면증 같은 여러 이유로 정신건강의학과에서 진료를 받은 사람이 175만 명이고, 진료비는 1조 4000억 원에 딜합니다.[2]

신체활동을 적절히 하는 사람이 그렇지 않은 사람보다

우울증은 20~30퍼센트, 불면증은 40퍼센트 정도 낮다고 하니[3] 녹색기본소득은 그만큼 의료비를 줄일 것입니다. 시민이 건강해지면 병원에 치료비 낼 일이 적어지니 좋습니다. 건강보험공단의 재정 여력도 나아질 것입니다. 그러면 건강보험료 인상이 덜 되거나 보험 적용 항목이 늘어날 수 있으니 그것도 좋습니다.

> 소아·청소년기 비만 예방을 위해 무엇보다 가정의 관심과 지도가 필요합니다.
> 아이들의 올바른 식습관 형성과 생활 속 운동 실천을 위해 교육부와 시·도교육청, 교사와 학부모가 적극적으로 함께 노력하는 것이 중요합니다.

2018년에 학생 건강검사 결과를 발표하며 교육부 관계자가 한 이야기입니다.[4] 여기서도 운동의 중요성을 강조하고 있습니다. 녹색기본소득으로 아이들이 뛰어노는 시간이 늘어날 테니 비만율도 떨어질 테고 훨씬 건강해질 것입니다.

교통비도 상당한 수준으로 줄어들 것으로 예상됩니다. 자동차를 타다가 걷거나 자전거를 타면 교통비가 들지 않죠. 대중교통을 이용하더라도 교통비는 줄어듭니다.

'교통혼잡비용'도 대폭 하락합니다. 교통혼잡비용이란 도로가 너무 막혀 차량이 정상 속도로 달리지 못해 발생하는 비용입니다. 차량 운행비가 추가로 들고 시간 손실도 나는데 이런 걸 전부 돈으로 계산한 것입니다. 한국은 2015년 기준으로 교통혼잡비용이 33조 원이었습니다.[5] 교통혼잡비용은 교통정체로 발생하는 경제적 비용만 계산한 것입니다. 자동차로 생기는 환경문제나 사회문제는 계산하지 않았습니다. 환경피해비용은 28조 원이 넘습니다.[6] 그 가운데는 미세먼지 때문에 병에 걸리는 사람과 관련한 비용, 탄소 배출로 인한 기후변화로 야기되는 피해비용 등이 포함될 것입니다. 이런 점까지 포함하면 녹색기본소득이 아끼는 비용은 꽤 큽니다.

이 밖에도 줄어드는 비용은 더 있습니다. 걷기와 자전거 타기에 맞게 도시 구조가 바뀌면 교통사고 사망자가 감소하니 이 또한 좋은 일입니다. 사람 생명에 대한 이야기이니 굳이 '비용'으로 따져보지는 않겠습니다. 에너지 사용량 감축으로 인한 비용절감 효과도 적지 않을 것입니다. 석유 수입이 줄어드니 그만큼 무역수지가 좋아지겠죠.

사장님들이 좋아할 만한 것도 있습니다. 열심히 걷고 자진거 다는 노동자들은 좋은 컨디션으로 더 열심히 일할 테니 회사로서도 성과가 더 높아질 것입니다. 실제로 2018년 송도

에서는 '2018 일·생활 균형 실천하기 걷기대회'가 열렸는데
요, 이 행사의 취지는 '장시간 근로 단축·일과 삶의 균형'이 단
지 노동시간을 줄이는 데 있기보다 노동생산성을 함께 향상시
킨다는 점을 강조하기 위한 것이었습니다. 물론 그렇게 높아진
노동생산성을 노동자도 함께 나누는 방법을 마땅히 고민해야
할 것입니다. 예를 들면 노동시간 단축 같은 것으로요.

세금을 정의의
원칙에 맞게!

지금부터는 녹색기본소득에 필요
한 돈을 어디서 어떤 원칙에 따라 마련할 것인지 살펴보겠습
니다. 녹색기본소득을 위한 재원은 정의롭게 마련되어야 합니
다. 몇 가지 고민이 있습니다.

첫째, 우선 정부 지출을 꼼꼼히 따져 개선하는 노력이 필
요합니다. 녹색기본소득을 도입하면 정부가 쓰지 않아도 되는
돈이 생깁니다. 도로 건설에 쓰는 비용이 대표적이겠죠. 대기
질 개선을 위한 예산 가운데에서도 녹색기본소득으로 통합하
면 되는 예산들이 있을 것입니다. 국민건강 증진 예산 중에서
도 녹색기본소득과 취지가 같기 때문에 통합해도 되는 예산

이 있을 수 있습니다. 녹색기본소득이 도입된다면 구체적으로 전문가들과 함께 따져보면 되는 일입니다.

녹색기본소득과 직접 관련은 없지만 '한반도 평화의 시대'에 국방 예산은 대폭 줄이는 게 옳습니다. 그동안 한국이 복지제도를 제대로 실시하지 못했던 이유 중 하나는 군비 지출이 너무 많아서였습니다. 북한은 남한보다 더 심하죠. 이런 문제까지 함께 해결한다면 명실상부하게 녹색복지국가로 나아갈 기회가 열릴 것입니다.

교통에너지환경세라는 게 있습니다. 원래는 2018년에 없어질 예정이었으나 2021년까지 살아남은 세금입니다. 휘발유와 경유에 매기는 세금인데, 이게 일 년에 약 16조 원에 달합니다. 정부는 그동안 이 돈 가운데 50퍼센트 가까이를 도로 만드는 데 썼습니다. 항만과 공항까지 포함하면 약 80퍼센트를 교통 분야에 사용했는데요, 이 돈을 녹색기본소득에 사용하는 방안을 고민해야 합니다. 경유와 휘발유에서 걷는 세금을 도로를 더 늘리는 데 사용할 게 아니라 자동차를 줄이는 데 본격적으로 활용해야 합니다.

둘째, 부자 감세는 원래대로 되돌려놓고, 복지 증세를 해야 합니다. 불로소득에 대해서는 제대로 과세해야 하고요. 이는 녹색기본소득과 상관없이 해야 하는 일이며, 기본소득을 논의할 때도 언급되는 내용입니다. 지난 20년간 법인세와 소득세는 꾸준히 깎였습니다. 어느 정부건 법인세율과 소득세율을 지속적으로 낮췄는데요, 이런 부자 감세는 더이상 없어야 하며 가능하다면 원래대로 회복시켜야 합니다.

한국의 조세부담률과 다른 OECD 국가들의 조세부담률을 비교해보면 차이가 무척 큽니다. 복지국가는 세금을 많이 내는 대신, 많이 낸 세금이 절대 아깝지 않게 복지를 시행합니다. 한국은 세금이 적고, 복지는 그보다 훨씬 더 적습니다. OECD 국가들만큼 과세하면 지금보다 100조 정도의 세금이 더 걷힙니다.

법인세나 소득세 말고 다른 명목으로 세금을 걷을 수도 있습니다. 아예 이 세금으로는 사회복지를 하겠다는 것을 분명히 표현하자는 뜻에서 '사회복지세'를 도입할 수도 있습니다. 아니면 '녹색기본소득세'라 이름 붙이는 것도 괜찮겠네요.

셋째, 녹색기본소득이 자동차 중독 문화를 바꾸고, 기후변화를 막는 본래의 목적을 달성하기 위해서는 에너지에 붙은 세금을 보다 합리적으로 바꿀 필요가 있습니다. 핀란드나 스웨덴, 노르웨이, 덴마크 같은 곳에서는 나라별로 매기는 품목에 차이가 있긴 하지만 경유와 휘발유를 포함해 석탄, 천연가스, 전기 사용 등에 '탄소세'를 매기고 있습니다.[7] 한국도 탄소세가 필요합니다. 석유와 석탄 같은 화석연료가 모두의 공동 소유인 공기나 물에 끼치는 피해를 감안해 탄소세를 매기되 이를 녹색기본소득의 재원으로 쓰면 어떨까요?

넷째, 새롭게 걷어야 할 세금이 있습니다. 공유재를 사적으로 누리는 것에 대한 책임을 묻는 세금입니다. 좀 어렵죠. 공공이 함께 만든 이익을 혼자 누리면 안 되므로 세금을 매겨 이익을 최대한 환수하자는 것입니다. 공동의 노력으로 수익이 나오면 함께 나눠야 합니다. 수익을 어느 한두 사람이 가져가면 안 되는 건 당연합니다. 우선 부동산 보유세가 있습니다. 부동산 가격이 오르는 이유는 부동산을 소유한 개인의 노력과는 아무 상관이 없습니다. 부동산 근처에 도로가 생겼다거나 지하철역이 건설되면 부동산 가격이 오릅니다. 사람들이 많이 다니면 가격이 뛴다는 겁니다. 하다못해 상가 전세보증금이나 권리금도 드나드는 사람들이 많으면 가격이 오릅니다. 젠트리피케이션이 생기는 것도 그곳이 유명해졌기 때문인데, 그 말은 곧 사람이 많이 방문한다는 뜻입니다.

그러므로 부동산 가격 상승으로 얻은 이익은 애초에 주인의 노력과는 상관없는 불로소득입니다. 부동산 가격은 그곳을 방문한 사람들의 '발걸음' 때문에 오릅니다. 그렇다면 걷는 사람들을 위해 세금을 내는 건 마땅합니다. 함께 기여해 만든 가치는 함께 나누는 게 맞습니다. 게다가 부동산 가격이 상승하면 전월세 사는 사람들, 상가를 임대해 장사하는 사람들은 피해를 입습니다. 부동산 소유주들은 공공의 노력으로 생긴 이익을 혼자 누릴 뿐만 아니라 남에게 해를 끼치기까지 합니다. 세금을 매겨야 하는 이유가 더욱 확실합니다. 특히나 녹색기본소득으로 도시 구조가 바뀌면서 곳곳에 공원이 생기면 이 때문에 집값이 오르고 또 불로소득을 누리는 사람이 생길 수 있습니다. 또다른 젠트리피케이션이 발생할 소지가 있는 것이죠. 자본주의가 자연으로부터 인간을 분리하는 메커니즘입니다. 이를 막기 위해서라도 강력한 부동산 보유세가 필요합니다. 부동산 보유세 중에서도 국토 보유세가 기본소득의 재원으로 적극 제안됩니다. 어떤 세금이 더 나은지는 사회적 토론을 통해 정하면 될 일입니다.

공동의 노동이 들어갔지만 혼자만 이익을 누리는 경우는 또 있습니다. 대표적으로 빅데이터를 만드는 노동이 그렇습니다. 저는 가끔 페이스북을 합니다. 전 세계 수십억 명이 페이스북을 하죠. 페이스북뿐인가요 트위터, 인스타그램, 유튜브 등 지금 지구는 SNS 열풍입니다. 이 속에서 데이터가 쌓입니다. SNS 사용자들의 기여로 쌓이는 데이터 덕에 막대한 부를 축적하는 건 기업입니다. 유튜브를 통해 꽤 큰 수익을 올리는 사람이 있긴 합니다만 일부입니다. 대부분의 이용자는 단지 SNS를 이용할 뿐입니다. SNS가 아니더라도 포털사이트에서 정보를 검색하고, 기사를 찾아보고, 댓글을 다는 모든 행위는 해당 사이트를 운영하는 회사의 자산이 됩니다. 이용자들의 클릭이 모두 이들에게는 수익의 근거가 되는 겁니다. 빅데이터의 한 부분으로서 말이죠.

인터넷이라는 가상공간에서 거대 기업들은 자신만의 영토를 두고 사람들을 오가게 합니다. 마치 현실에서 사람들의 발걸음이 부동산 가격을 올리는 것처럼, 가상공간에서 이용자들의 가상의 발걸음이 인터넷 영토의 주인에게 큰 수익을 가져다주는 것입니다. 그러니 모두의 노력으로 이뤄진 이 자산들로부터 나오는 수익은 인터넷 기업만이 아니라 모두가 함께 나누는 게 맞습니다. 이름은 무엇으로 붙이는 게 좋을까요? 빅데이터세? SNS세?

이런 관점에서 보면 4차 산업혁명이 야기한 기술 발전도 결국은 인류 공동의 노력의 결과라고 할 수 있습니다. 기술 발전에 사용하는 지식들은 어느 한 기업이 만든 것이 아니라 인류가 오랜 세월에 걸쳐 함께 만든 것들이니까요.

예를 들어, 만유인력의 법칙은 뉴턴이 발견했지만 이를 이용해 어떤 기술을 개발한다고 해서 뉴턴에게 돈을 주진 않습니다. 학교 다닐 때 배웠던 피타고라스의 정리는 어떤가요. 고등학교 다니면서 외우느라 고생했고, 지금은 전혀 기억나지 않는 수많은 공식은 또 어떻고요. 기술 개발에 이런 공식이 다 쓰이지만 매번 공식을 개발한 과거의 학자들에게 돈을 지불하지는 않습니다. 모든 기술은 과거로부터 현재까지 인류 공통의 지식을 기반으로 발전합니다. 그런데도 4차 산업혁명 같은 기술 발전이 인류를 위해 쓰이지 않고, 일자리를 없애는 데 쓰인다면요? 당연히 그런 경향은 막아야 합니다. 이를 위해 로봇세나 인공지능세 같은 것들도 거론되고 있습니다. 로봇이나 AI가 창출한 이익에 세금을 매기자는 것인데요, 이 세금들 역시 녹색기본소득의 재원으로서 논의할 가치가 있습니다.

지금까지 녹색기본소득을 위한 재원을 어떻게 마련할지 고민해봤습니다. 네 가지 측면의 세금 가운데는 앞으로 경제 상황에 따라 지속적으로 걷힐 수 있는 것과 시간이 지나면서 점차 줄어들 수밖에 없거나 줄어들도록 만들어야 하는 것이 있습니다. 이를 잘 구분해서 앞으로 더 구체적으로 의논해나가야 할 것입니다.

나가는 말

녹색기본소득은 양극화를 줄이고 빈곤을 해소하는 데 기여할 것입니다. 에너지 전환을 앞당기고 생태사회를 성큼 우리 앞에 다가오게 할 것입니다. 이 책에서는 녹색기본소득을 걷기, 자전거 타기, 대중교통 이용하기 등 '이동'을 기준으로 설계했습니다. 그러나 이는 저의 제안에 불과할 뿐, 독자 여러분의 상상력에 따라 녹색기본소득은 얼마든지 다른 형태로 구상될 수 있습니다.

주택에 태양광 패널 설치하기, 주택 단열 시공 다시 하기, 집안에서 에너지 적게 쓰기, 친환경 제품 사용하기, 플라스틱 사용하지 않기 같은 기후변화에 대응하기 위해 필요한 생활

179

속 '기후행동'들은 매우 많습니다. 이런 시민의 노력이 제대로 발휘될 때만이 기후변화를 막을 수 있습니다. 녹색기본소득은 다양한 기후행동을 참여조건으로 삼아 얼마든지 다시 설계될 수 있을 것입니다. 그럴 때 생태사회는 훨씬 더 앞당겨질 것입니다. 그래야 석유 중독사회에서 벗어나 인간의 존엄과 지구의 생명체들을 지킬 수 있습니다.

어떤 방식이 되었든 녹색기본소득의 도입은 산업구조 자체를 완전히 새롭게 바꾸고, 부의 분배 구조를 의미 있게 개선한다는 것을 뜻합니다. 20세기가 석유와 자동차산업의 시대, 그리고 이것이 촉발한 독점과 양극화의 시대였다는 점을 고려하면, 녹색기본소득은 지구 전체를 리모델링할 만큼의 잠재력을 가진 구상일 수도 있습니다.

녹색기본소득을 통해 이런 목표를 달성하는 과정은 정부와 지방자치단체, 사회운동, 개인의 변화와도 맞물립니다.

우선, 녹색기본소득은 사회운동을 융합하고 강화할 것입니다. 그동안 노동운동, 농민운동, 빈민운동이 따로, 여성운동, 생태에너지운동이 따로였다면, 녹색기본소득은 이 모두가 함께하는 운동이 될 것입니다. 노동조합은 할 일이 많아질 것입니다. 녹색기본소득은 비정규직을 위한 것이기도 하고, 사회개혁을 위한 것이기도 하며, 생태적 전환을 위한 것이기도 하므로 전적으로 노동조합의 과제에 해당합니다. 4차 산업혁명이 일자리를 줄이는 방향이 아니라 노동시간을 단축하는 방향으로 가도록 만들기 위해 녹색기본소득을 잘 활용하면 좋겠습니다.

정규직 조합원들은 녹색기본소득 재원 마련을 위한 증세에 동의해야 하고, 이에 대해 노동조합이 나서야 할 것입니다. 대한민국 중산층의 다른 이름은 정규직 노동자이므로, 가장 먼저 자동차를 몰고 다니지 않겠다고 선언한다면 파급 효과가 클 것입니다.

무엇보다도 시민의 인식이 바뀔 수 있다는 점에 고무됩니다. '노동'에 대한 새로운 인식이 생겨날 수도 있을 것 같습니다. 회사에서 혹은 장사를 하거나 알바를 해서 돈을 버는 그 모든 노동을 새로운 시선에서 보다 여유 있게 바라볼 수 있을 것이고, 그런 노동 말고도 가치 있는 노동이 있다는 점을 몸으로 경험하게 될 것입니다.

녹색기본소득을 위해 걷거나 자전거 타는 행위는 세상을 바꾸는 공적 노동입니다. 그런 공적 노동을 사회가 정당하게 인정해야 한다는 점을 녹색기본소득을 통해 인식할 수 있습니다. 시장에서 인정하는 노동 말고 수많은 가치 있는 노동을 돌아보고 인정하는 계기가 될 수 있습니다.

그동안 노동자운동은 노동조합이라는 주체가 있었습니다. 농민운동과 빈민운동은 당사자가 분명합니다. 여성운동도 다수의 힘으로 점차 활성화되고 있습니다. 생태에너지운동은 새로운 시민적 주체를 대규모로 형성할 수 있습니다. 여러 활동 과정에서 많은 시민이 생태전환사회를 지향하는 당사자가 되곤 했습니다. 핵폐기물 반대 투쟁이나 핵발전소 건설 반대 투쟁, 송전탑 반대 투쟁 등 다양한 활동 속에서 그런 시민이 나타났습니다. 여기에 더해 이제는 녹색기본소득으로 국민 대부분이 생태사회를 지향하는 적극적 주체가 될 수 있습니다. 재생에너지 개발이든, 폐기물 감축이든, 에너지 소비 축소든, 화석연료 줄이기든 생태운동의 관건은 대부분 '시민의 참여' 인 경우가 매우 많습니다. 시민의 참여가 운동의 성패를, 그래서 우리 사회의 성패를 가르는 경우가 대부분입니다. 녹색기본소득은 시민의 참여를 극적으로 확대할 것입니다.

지역운동과 결합하는 일도 활성화될 것입니다. 동네 걷기 모임에 참여하는 사람들, 직장 자전거 동호회 회원들을 비롯해 각종 걷기 시민운동이 본격화될 것입니다. 이렇게 되면 기업도 걷는 시민이나 자전거 타는 노동자의 압력으로부터 자유로울 수 없습니다. 노동시간 단축이 걷는 시간 확보 운동과 결합될 거라는 상상은 너무 지나친가요?

이런 식으로 '생태사회로 전환'하는 가치를 깊게 인식하고, 여러 사회운동이 결합한다면 그때부터 시민은 우리가 지금 생각하는 것보다 훨씬 많이 그리고 더 깊게 고민하고 생각할 것입니다. 전기, 수도, 난방, 플라스틱, 일회용품 사용에 어느 때보다 신중해질 것입니다. 세금은 무조건 깎는 것이 좋다고 생각했던 시민이 사회적 책임을 다하기 위해 세금을 조금 올려도 좋다고 생각하는 시민으로 변할 것입니다. 나아가 시민은 정치를 바꿀 것입니다. 생태사회로 전환을 적극 지지하는 정당, 도로를 없애고 보행로와 자전거 도로를 놓는 정책을 내놓는 정당, 기후변화를 위해 에너지 소비를 줄이자고 외치는 정당, 시민의 건강 증진에 집중하는 정당, 노동시간 단축을 추진하는 정당, 양극화 해소에 매진하는 정당이 시민의 지지를 얻을 것입니다. 이것이야말로 진정한 의미의 민주주의의 확장 아닐까요?

이런 구상들이 여러 국가나 지방자치단체에서 다양하게 실험되었으면 합니다. 그동안 기본소득과 관련한 각종 실험과 시도들이 있었고, 그 효과에 대해 많은 연구가 진행되었는데, 녹색기본소득에 대해서도 다양한 연구와 실험이 있기를 바랍니다. 특히 새로운 사회를 만들기 위해 애쓰는 진보정당들의 적극적 노력을 기대합니다.

주

들어가는 말

1. 리베카 솔닛, 김정아 옮김, 《걷기의 인문학》, 반비, 2017년, 273쪽.

2. 에이미 워커, 주덕명 옮김, 《자전거 타는 사람들》, 함께북스, 2015년, 96쪽.

1장 기본소득과 참여소득에 관하여

1. 김만권, 《열심히 일하지 않아도 괜찮아!》, 여문책, 2018년, 203~205쪽.

2장 녹색기본소득이란 무엇일까?

1. 국토해양부, 〈제1차 비동력·무탄소 교통수단 활성화 종합계획(2012-2016)〉, 2011년, 33쪽.

2. 통계청, 〈한국인의 생활시간 변화상(1999-2014)〉, 2016년, vi쪽.

3. 안근원 등, 〈이용자 중심의 대중교통 재정지원 정책 효과 분석 및 정책화

방안〉, 한국교통연구원, 연구총서(2014-2025), 2014년, 152~171쪽.

4. 대중교통요금으로만 사용할 수 있도록 제공되는 일종의 '상품권'.

5. 김교성·백승호·서정희·이승윤, 《기본소득이 온다》, 사회평론아카데미, 2018년, 122~123쪽.

6. 필리프 판 파레이스·야니크 판데르보흐트, 홍기빈 옮김, 《21세기 기본소득》, 흐름출판, 2018년, 35쪽.

7. 김교성·백승호·서정희·이승윤, 앞의 책, 123쪽.

8. 김성모 기자, "자가용족, 대중교통족보다 교통비 한 해 175만 원 더 쓴다", 〈동아일보〉 2018년 11월 8일자, http://news.donga.com/3/all/20181108/92791748.

9. 이병호 외, 〈경기도민 삶의 질 동태 분석을 위한 기초 연구〉, 경기연구원, 2016년, 165쪽.

3장 사람을 바꾸는 힘

1. 김미영, "하루 3km·45분 이상 걸으면 보약 된다.", 〈한겨레〉 2011년 4월 11일자, http://www.hani.co.kr.

2. 보건복지부·한국건강증진개발원, 〈제4차 국민건강증진종합계획 2016-2020〉, 2015년, 75~76쪽.

3. 위의 자료, 76쪽.

4. 두루누비 사이트, http://www.durunubi.kr.

5. 보건복지부·한국건강증진개발원, 앞의 자료, 78~79쪽.

6. 윤태희, "'한 해 6000명 조기 사망…디젤차 주범' 독일 환경청 발표", 〈서울신문〉 2018년 3월 9일자, http://nownews.seoul.co.kr.

7. 최우성, "88만명 억대 소득인데…800만명은 최저임금도 못 번다", 〈한겨레〉 2018년 10월 8일자, http://www.hani.co.kr.

8. 최우성, "'만 10살 이하 집주인' 8139명…세습사회 문턱에 선 한국", 〈한겨레〉 2018년 10월 12일자, http://www.hani.co.kr.

9. 최우성, 앞의 자료.

10. 국립환경과학원, 〈어린이 노출 계수 핸드북〉, 2016년, 162쪽.

11. 교육부, 〈2017년도 학생 건강검사 표본통계 발표〉, 2018년, 16쪽.

12. 국립환경과학원, 앞의 자료, 156쪽.

13. 교육부, 앞의 자료, 2쪽.

14. 김균미, "[씨줄날줄] 설탕세 논란", 〈서울신문〉 2018년 3월 15일자, http://www.seoul.co.kr.

15. 장은교, "잘 노는 아이, 뇌도 건강하다", 〈경향신문〉 2016년 11월 1일자, http://news.khan.co.kr.

16. 세이브더칠드런, 〈잘 노는 우리학교 만들기 리서치 결과 보고서〉, 2016년, 18쪽.

17. 위의 자료, 34쪽.

18. 위의 자료, 37쪽.

19. 박용남, 《도시의 로빈후드》, 서해문집, 2014년, 44~48쪽.

20. 위의 책, 26~30쪽.

4장 도시를 바꾸는 힘

1. 비버리 J. 실버, 백승욱·안정옥·윤상우 옮김, 《노동의 힘―1870년 이후의 노동자운동과 세계화》, 그린비, 2005년.

2. 권순표, "'걸어서만 다니는 '차 없는 도시' 15년, 실험 성공", 〈MBC〉 2016년 1월 26일자.

3. 수원시정연구원, 〈생태교통 수원 2013 사업효과 분석을 통한 정책 방향 연구〉, 2014년, 14~15쪽.

4. 박용남, 앞의 책, 70~73쪽.

5. 에이미 워커, 앞의 책, 170쪽.

6. 에이미 워커, 앞의 책, 192쪽.

7. 에이미 워커, 앞의 책, 160~163쪽.

8. 에이미 워커, 앞의 책, 182쪽.

9. 권용주, "지구에서 운행되는 13억대의 차, 어디에 있나", 〈한국경제〉 2017년 11월 27일자.

10. 국토교통부, 〈제3차 대중교통 기본 계획(2017-2021)〉, 2017년, 9쪽.

11. 국토교통부, "자동차가 내준 자리, 보행자 낙원으로", 2015년 7월 3일자, http://www.molit.go.kr.

12. 국토해양부, 〈제1차 비동력·무탄소 교통수단 활성화 종합계획(2012-2016)〉, 2011년, 60~61쪽.

13. 국토교통부, "자동차가 내준 자리, 보행자 낙원으로", 2015년 7월 3일자, http://www.molit.go.kr.

14. 박용남, 앞의 책, 68쪽.

15. 주영재, "자가용 없는 도시 상상해봤어?", 〈경향신문〉 2016년 8월 25일자, http://h2.khan.co.kr/201608241038001.

16. 산림청, 〈전국 도시림 현황 통계〉, 2016년, 9~13쪽.

17. 박용남, 앞의 책, 126~127쪽.

18. 권순표, 앞의 자료.

19. WHO, "Concentrations of fine particulate matter(PM 2.5)", http://apps.who.int.

20. 양의석 등, 〈2018년 세계 에너지시장 및 기후변화 대응 주요 이슈 전망〉, 《세계 에너지시장 인사이트》 18-1호, 2018년, 11쪽.

5장 지구를 바꾸는 힘

1. 기상청, 〈지구온난화 1.5도 특별보고서 - 정책결정자를 위한 요약본〉, 2018년 10월 8일, 5쪽.

2. 연합뉴스, "세계기상기구 '작년 전 세계 온실가스 농도 사상 최고'", 〈프레시안〉 2018년 11월 23일자, http://www.pressian.com.

3. 관계부처합동, 〈2030년 국가온실가스 감축목표 달성을 위한 기본 로드맵 수정안〉, 2018년 7월, 5쪽.

4. OECD, 〈2017 대한민국 OECD 환경성과평가〉, 2017년, 7쪽.

5. 세계기상기구WMO와 유엔환경계획UNEP이 함께 설립한 유엔 산하기구. 3000여 명의 전문가로 구성되어 있으며 기후변화 영향과 대책을 전문적으로 연구함.

6. 기상청, 앞의 자료, 11~15쪽.

7. 나혜민 등, "기후악당? EU 탄소 40% 줄일 때 한국 83% 증가", 〈오마이뉴스〉 2018년 11월 19일자, http://omn.kr/1cqfn.

8. 박진홍, "바닷바람 타고 세계 1등 기업 배출", 〈단비뉴스〉 2018년 10월 13일자, http://www.danbinews.com.

9. 나혜인·이자영, "100% 에너지 자립 마을인데 실업률은 0%", 〈오마이뉴스〉 2018년 10월 6일자, http://omn.kr/1805b.

10. 나혜인·이자영, "독일의 탈원전 성과 왜곡하는 우리나라 국회의원", 〈오마이뉴스〉 2018년 10월 8일자, http://omn.kr/19iv2.

11. 나혜인·이자영, "남는 전기 팔아 500만원 소득 올린 플러스 에너지 주택", 〈오마이뉴스〉 2018년 10월 7일자, http://omn.kr/18s6c.

12. 산업통상자원부, 〈제8차 전력수급기본계획(2017-2031)〉, 2017년 12월 29일, 30쪽.

13. 김현우 등, 《포스트 후쿠시마와 에너지 전환 시대의 논리, 탈핵》, 이매진, 2011년, 31쪽.

14. 녹색금융협의회, 〈녹색금융 해외사례 조사 보고〉, 2009년 10월 21일, 17쪽.

15. 위의 자료, 33쪽.

16. 유준상, "[2018e뉴스] 에너지 정책 10선", 〈이뉴스투데이〉 2018년 12월 30일자, http://www.enewstoday.co.kr.

17. 고우리, "발로 만드는 전기, 압전 발전기의 시대가 온다", 〈케미칼드림〉 2017년 3월 2일자, http://www.chemidream.com.

18. 정지인, "압전 하베스팅으로 보는 친환경 에너지의 미래", LG CNS official blog, 2015년 2월 2일자, https://blog.lgcns.com.

19. 유진규, 《인간동력, 당신이 에너지다》, 김영사, 2008년, 248~282쪽.

20. 마리아나 마추카토, 정태인 옮김, 〈혁신, 국가 그리고 인내자본〉, 《자본주의를 다시 생각한다》, 칼폴라니사회경제연구소, 2017년, 153쪽.

21. 위의 책, 159~160쪽.

22. http://blog.daum.net/jinjucityhall/5673.

23. 송인호, "플라스틱 등 석유화학이 원유수요 증가 최대 요인", 〈SBS〉 2018년 10월 5일자.

24. 위의 자료.

6장 녹색기본소득 재원은 어떻게 마련할까?

1. 보건복지부·한국건강증진개발원, 앞의 자료, 20쪽.

2. 건강보험심사평가원, 〈연령대별 많이 나타나는 정신건강 질환은?〉, 2018년 12월 12일.

3. 김연수, 〈신체활동과 정신 건강〉, 《Hanyang Medical Reviews》, 2014년, 61~62쪽.

4. 교육부, 〈2017년도 학생 건강검사 표본통계 발표−초·중·고생 신체발달,

건강생활 실천, 주요 질환 등 분석〉 보도자료, 2018년 3월 15일자.

5. Cho, H.(2014), 〈Traffic Congestion Costs: Estimation and Trend Analysis〉, 《Policy Research Report, Korea Transport Institute》, http://lib.koti.re.kr/search/KOTI.Detail.ax?cid=133749&sid=28.

6. 기획재정부·한국조세재정연구원, 〈수송용 에너지 상대가격 합리적 조정 방안 연구〉, 2017년 8월, 25쪽.

7. 위의 자료, 93~106쪽.

걷기만 하면 돼

1판 1쇄 펴냄 2019년 5월 1일
1판 2쇄 펴냄 2019년 10월 10일

지은이 강상구
펴낸이 천경호
종이 월드페이퍼
제작 (주)아트인
펴낸곳 루아크
출판등록 2015년 11월 10일 제409-2015-000020호
주소 10083 경기도 김포시 김포한강2로 208, 410-1301
전화 031.998.6872
팩스 031.5171.3557
이메일 ruachbook@hanmail.net

ISBN 979-11-88296-28-6 03300